怪魚を釣る

小塚拓矢
Kozuka Takuya

インターナショナル新書　006

目次

序章

水面を割り、躍り上がった巨軀《きょく》は、夕焼けの空に弧を描いて、ドッパーンと落ちた。金色の水しぶきが湖に飛び散る。

「ぐぉおおおお！」

自然と声が出てしまう。相手が大きく頭を振るたびに、体ごと湖へ持っていかれそうになるのをなんとか堪《こら》えて力の限り足を踏ん張る。直径約二・五ミリメートル、スパゲティーほどの太さがあるナイロン糸が、まるでゴムバンドのように伸縮しているのを掌《てのひら》に感じる。糸は鞭のようにうねりながら水面へ吸い込まれていく。日本から持参した釣竿やリールは用を成さなかった。体長一メートルを超える怪魚を釣り上げるには、手元にあった最も強い、この糸で手釣りする以外に術がない。やがて糸が反時計回りに水面を切り進み、左前方の浅場へと進んでいく。チャンスだ。

「うらあ！」

僕が大声を上げながら水の中へ飛び込むと、魚は水面にゴボゴボゴボッと引き波を残し、泥砂を巻き上げながら加速して、水深二〇センチメートルほどの浅場に自ら突っ込んでいった。すかさず馬乗りに飛びかかり、巨体を押さえ込む。エラを傷つけないようにロープ

釣り上げたピラルクーを抱きかかえる著者

を通し、水の浮力を活かしてもう少し浅場に移動させた後、カメラを取りに走った。

自分より大きな魚を釣りたいという、幼少期から抱き続けた夢がついに実現したのだ。しかし、浮ついた思考の大半を占めていたのは、不思議な哀しさだった。念願が叶う瞬間というのは、もっとうれしいものだと思っていたのに。

その数秒後、僕は哀しみの正体を知ることになる。水面に巨軀を露わにしたピラルクーは、僕の腕の中で、その目から命の色を消していたのだ。

自分のライフワークである怪魚釣りについ

て人に説明するとき、僕はこのピラルクーのエピソードを話すことが多い。巨大魚との激しい格闘と、それを釣り上げたときの喜び、そしてその命を奪ってしまったときのやりきれない哀しみ……ピラルクーとの数十分間の闘いには、怪魚釣りの醍醐味と葛藤が集約されているように思えるからだ。

しかし、本書を手に取った読者の中には、そもそも「怪魚」がどんな魚なのか皆目見当がつかない方も多いだろうし、著者である僕が何故、怪魚釣りをライフワークとしているのか不思議に思う方も少なからずいることだろう。そこで本章では、少しディープな怪魚の世界へ足を踏み込んでいただく前の準備運動と自己紹介を兼ねて、僕が「怪魚ハンター」と呼ばれるようになるまでの経緯を簡単に綴っておきたいと思う。

僕はこれまで、体長一メートル、もしくは体重一〇キログラムに成長する淡水巨大魚を釣ることを「怪魚釣り」と称し、ライフワークとしてきた。これまでに旅した国は四〇カ国以上、釣った怪魚は五〇種類を超える。

「最初に釣った魚は何ですか？　それが今の怪魚釣りにつながっているんですか」と聞か

れることがある。しかし、あいにく記憶は曖昧だ。ただ、子どもの頃から魚への興味は極端に強かった。

人生で初めて釣りをしたのは、おそらく一歳の頃だ。父がダンボール紙にクリップをつけて魚に見立ててくれたものを、磁石をつけた園芸用の棒で釣って遊んでいた。二歳になると、親戚からもらった魚釣りのおもちゃで遊ぶようになり、三歳くらいで、実際に釣り場デビューした。実家のある富山県高岡市は自然豊かな場所で、富山湾も近かった。

釣りの楽しみは、さまざまな方法を試行錯誤し、自分だけのやり方を見つけながら体験を積み重ねていくことだ。その原体験ともいえる釣りをしたのは、小学四年生のときだった。当時の僕は、週に一、二回、海へキス釣りに出かけていたのだが、その日は釣り餌《え》に困っていた。父が同伴してくれる週末であれば一パック三〇〇円のイソメを買ってもらえるのだが、自分ひとりで釣りに出かける平日はそれを買う金がない。

金がない、物がないというのは、クリエイティビティーを生み出すとても重要な要素だ。物がなければ自分でつくらなければならない。あるものを利用して、なんとかしなければと考える。

そこで僕は、イソメの代わりに、ヤドカリや小さな巻貝を捕って、エサにすることを思いついた。キス釣りに貝エサを使うなんて、いまだに聞いたことがない。しかし、貝を潰《つぶ》してエサにしてみると、数こそ少ないものの、イソメで釣るよりも明らかに大きなキスが釣れた。僕はこの「自分だけの発見」に有頂天になった。

釣りは恋愛に似ていると思う。相手のことを推測し、何が重要なのか考える。すると相手は、こちらが投げたものに反応して食いついてくる。ただし、こちらがいくら技術を高めたところで、最終的な決定権は向こうに委ねられる。それは時に腹立たしくもあるが、同時にワクワクすることでもある。

怪魚釣りの原点となると、中学一年のときに釣ったコイだろう。あるとき、近所の川のヌシ的な存在だった大きなコイがかかった。しかし、なかなか釣り上げられない。どうすればよいかと考えて、細い水路に追い込む作戦を思いついた。なんとか網に押し込んだそれは、体長六五センチメートル、体重四キログラムほどの大物だった。

今思えば、たいした大きさではないけれど、それでも当時の僕が普段釣っていた魚の倍はあった。竿が折れそうな経験をしたのも、魚を引き上げるために川に入ったのも、このときが初めてだ。コイはまだ若く、コンディションもよかったのだろう。記録をとって水に戻すと、それまでの死闘などなかったかのように、さっと泳いで去って行った。これが僕にとって、人生初の大物釣りである。

その後、中学ではブラックバス釣りにはまり、釣り場を求めて自転車で富山県内を走り回った。地図を見て、この場所にブラックバスがいるだろうかと考えながら、行ったことのない場所に自転車を走らせる。あんなに楽しいことはなかった。

怪魚釣りの旅に出るようになった直接のきっかけは、進路と将来について悩んでいた高校三年生の十月、怪魚釣りの先駆者である武石憲貴《のりたか》さんのホームページに出会ったことだ。そのホームページには、開高健への挑戦を誓う武石さんが、モンゴルに行く話が綴られていた。誰もが二の足を踏むような辺境に向かい、馬を買い、釣り場を求めて草原を旅し、そして最後には大物を釣り上げる。衝撃的だった。しかも、旅の予算はたったの一二万円程度だ。

それまで「怪魚」などというものは、大金を使って、ガイドを雇い、チームを組まなければ釣れないものだと思っていた。でも、学生がアルバイトで稼ぐ程度の金でも行ける……。

まさに「これだ！」と思った。「旅と怪魚釣り」、大学でやりたいことの目標ができた。しかし、進路はどうするか……。

このとき、もうひとつ、興味をもったホームページがあった。それは山形大学の魚突きサークルのものだ。主宰者の大学院生は、サークルで日本全国の離島を旅しながら、そこで積み上げた魚突きの技術で、アカハタのサンプルをとっていた。さっそくその人にメールを送ってみると返信があり、理学部生物学科でどんな活動をしているのか教えてもらうことができた。

進路の相談をしているうちに、将来的な安定を見据えた進路選択をするよりも、今興味のある魚について学びたいと考えるようになった。そのためには、やはり生物学科のある大学がよい。目標が明確になれば、あとはひたすら勉強するのみ。努力の甲斐あってか、東北大学理学部生物学科に合格することができた。

大学入学後は、ひたすらアルバイトで資金を貯め、春と夏の長期休暇になると海外に出て自分でリストアップした怪魚を釣るようになった。

改めて、なぜ怪魚に惹かれたかというと、そこにクリエイティビティーがあると思ったからだ。もちろん、すべての魚釣りは面白い。小四の頃、キスを貝エサで釣ることを発見したように、どんな魚が相手であっても自分なりのクリエイティビティーを見いだすことはできるし、そこには冒険もあるだろう。

しかし、武石さんのように世界へ目を向けるのであれば、やはり怪魚のようにダイナミックなテーマのほうがいい。僕にとって怪魚とは、大学時代をかけるに値すると思えるほどに、強烈なクリエイティビティーを感じることができる対象だったのだ。釣りに旅という要素が加わることで、現地に行きつくまでの過程や言葉の問題など、乗り越えるべきハードルが増える。また、日本の釣りでは、マダイ用のマダイ針、イシダイ用のイシダイ仕掛けなど、魚ごとに専用の道具があり、細分化されている場合が多いが、そのような道具がない怪魚釣りには、ゼロから生み出す面白さがあるのだ。

通常の釣りとは違い、怪魚釣りにはとにかく時間がかかる。そのため、しっかりと下調べをしたり、現地に長期間滞在したりといった時間を確保できるのは、学生時代しかないと思っていた。しかし気がついてみると僕は大学院に進んだあとも怪魚釣りの旅を続け、釣り雑誌に記事を書いたり、テレビの仕事をしたりするようになっていた。

もともと、自分なりの冒険として楽しんでいた怪魚釣りだが、そこに学術的ともいえる視点を持つようになったきっかけは、魚類学者の多紀保彦氏の二冊の著書『未知の国 未知の魚——淡水魚のルーツを求めて』（マリン企画）と『魚が語る地球の歴史』（技報堂出版）に出会ったことだ。多紀氏は、東南アジアをはじめ、アフリカや南米などでフィールド調査を行い、動物地理学における魚類分野の研究をしていた。著書の中では、大陸移動説に基づいて淡水魚のルーツと分布ルートを推察している。

この二冊を読んだとき、僕はすでに七、八回、怪魚釣りの旅を経験していた。最初のうちは、アジアの怪魚、アフリカの怪魚というふうに、点でしかなかったものが、回数を重ねるにつれ、アジアとアフリカで似た種族の魚を釣るというような経験が増え、点が線でつながり始めていた頃だ。

そんなタイミングで、多紀氏の本で動物地理学という分野を知り、自分が漠然と抱いていた疑問や興味は、学問として体系化するとこういうことだったのかと気づかされた。この二冊は、今でも僕のバイブルだ。

さらに、大学の卒業研究のため、四年時に研究室に配属されたことで、自らも本格的な研究の世界をのぞき見ることになった。僕が所属したのは、東北大学大学院生命科学研究科の千葉聡先生（二〇一七年現在は、同大学東北アジア研究センター教授）の研究室だ。千葉先生の専門はカタツムリを材料に生物進化の仕組みを研究するというものだったが、僕が魚にしか興味をもっていないことを知ると、小笠原の淡水魚を調査することを勧めてくださった。選んだテーマは、小笠原と沖縄のナンヨウボウズハゼのＤＮＡを比較検討するというもので、それまで誰も調査したことがない分野だった。

未調査だった理由は、おそらくサンプルの魚を捕るのに多大な労力と手間がかかるからだろう。無論、労力や手間をかけてひとつのことに打ち込むというのは、得意とするところだ。この研究によって、小笠原と沖縄の二地域に生息するナンヨウボウズハゼが、ＤＮＡ的には交流をもっている可能性があることが判明した。つまりナンヨウボウズハゼは黒潮の流れに乗って、およそ四〇〇〇キロメートルという長距離を移動している可能性があるわけだ。

大学での研究の日々を終えた今、「怪魚」も科学的視点に立ち、大陸移動の歴史から進化の過程を俯瞰《ふかん》したら面白いのではないか、と考えることがたまにある。現実的に考えれば、サンプルの数がとれない怪魚は、研究の対象にはなりにくい。しかし、もしも「科学」という新たな切り口で怪魚を見ることができれば、ナンヨウボウズハゼの研究成果のように誰も到達していない楽しみを得られるのではないだろうか。

そこで本書では、およそ延べ一〇〇〇日を世界の水辺で過ごしてきた経験をもとに、怪魚釣りの世界を学問的な側面からも、僕なりの視点でまとめていこうと思う。研究者ではない自分が、学問などというのはおこがましいかもしれないが、怪魚を通じて新たな発見を見いだす喜びや面白さを、少しでも感じていただけたら幸いである。

第一章　怪魚とは

怪魚の定義

「怪魚とは何ですか」と、人から聞かれることがよくある。実はこれが難しい。そもそも自然を定義するというのは容易なことではないし、学術用語として怪魚という言葉があるわけではないからだ。「怪しい魚」と書いて、「怪魚」と呼ぶくらいだから、人それぞれのとらえ方があっていいだろうと思うし、本来定義なんてものがないからこそ、未知を追い求める楽しみも生まれるのだろう。しかし、怪魚釣りを一般の方に説明する際には、そうも言っていられない。

そこで僕は、「淡水域に生息し、体長一メートル、もしくは体重一〇キログラムに成長する巨大魚」を怪魚と称している。「〜を超える」という言い方をしていないのは、仮に発見されている最大の個体が九〇センチメートル程度の魚種であっても、そこまで成長するならば、人知れず一メートルを超えた個体がいる可能性も否定できないからだ。一方で二メートルを超える魚の場合は、一メートルを超えた若魚の時点でも怪魚になってしまうので、表現に幅をもたせている。

また、同じ種類の魚でも大きさと重さのバランスは個体によって異なるため、定義の基準として体長と体重の両方を設定しておくことは重要だ。これは人間を例にして考えると理解しやすい。仮に、「体の大きな男性」の定義を「身長一九〇センチメートルを超える男性」とした場合、八〇キログラム前後の人もいれば、一八〇キログラム以上の人もおり、体重の個体差は倍以上の開きが出てしまうだろう。「体の大きな男性」の範疇《はんちゅう》には「背が高いだけで極度に痩せた人」も入るのか、それとも「背が高くて恰幅もいい男性」のみを対象とするのかを判断するためには、身長と体重の両方に基準を設けておく必要があるわけだ。野生生物の場合、環境に律されて、人間ほど「不自然」なバラツキは生まれないもののの、魚は種類によって形状がさまざまだ。日本に棲んでいるナマズのように尻尾が細くてあまり肉がついていないようなものは、長さのわりに体重は軽い。逆に海の魚で、ハタやクエのようにコロンとした体形の魚は重い。

いずれにしても、生物は体のほとんどが水分なので、どんな魚であっても、発泡スチロールと鉛ほどの比重差はない。サバのような紡錘状の形状を標準体形とすると、およそ一メートルで一〇キログラム前後となる。そこで、キリのいい数値ということもあって、「体長一メートル、もしくは体重一〇キログラム」を自分なりの怪魚の定義としているのだ。

生息地	魚名（括弧内は学名）
中米	ターポン（*Megalops atlanticus*）
南米	アハイヤー（*Potamotrygon leopoldi*） ジャウー（*Paulicea luetkeni*） スルビン（*Pseudoplatystoma fasciatum*） タライロン（*Hoplias macrophthalmus*） タンバキー（*Colossoma macropomum*） ツクナレアスー（*Cichla temensis*） デンキウナギ（*Electrophorus electricus*） ドラド（*Salminus brasiliensis*） ペーシュカショーロ（*Hydrolycus scomberoides*） ビックーダ（*Boulengerealla spp.*） ピライーバ（*Brachyplathystoma filamentosum*） ピララーラ（*Phractocephalus hemioliopterus*） ピラルクー（*Arapaima gigas*）
パプアニューギニア	イートングーシーダダ（*Neoarius spp.*） サラトガ（*Scleropages jardinii*） ディンディ（*Pristis microdon*） パプアンバス（*Lutjanus goldiei*） バラマンディ（*Lates calcarifer*）
日本	アカメ（*Lates japonicus*） イトウ（*Parahucho perryi*） オオウナギ（*Anguilla marmorata*） ビワコオオナマズ（*Silurus biwaensis*）

※魚名は著者が最も多用する呼び名を記載

著者がこれまでに釣り上げた主な怪魚
（釣り堀や在来生息地以外で釣獲した外来魚は除く）

生息地	魚名（括弧内は学名）
ユーラシア大陸	ヨーロッパオオナマズ（*Silurus glanis*） ガンユイ（*Elopichthys bambusa*） グーンシュ（*Bagarius yarrelli*） コブラスネークヘッド（*Channa marulius*） サハール（*Tor putitora*） シルバーマハシール（※Tor属の一種） シャドー（*Channa micropeltes*） ソング（*Luciobarbus esocinus*） タイメン（*Hucho taimen*） タパー（*Wallago leerii*） ニネマ（*Belodontichthys dinema*） ノーザンパイク（*Esox lucius*） パッカーオ（*Wallago attu*） パックラベーン（*Himantura polylepis*） ベリーダ（*Chitala lopis*） ムッスラ（*Hypselobarbus mussullah*）
アフリカ	ナイルパーチ（*Lates niloticus*） ムベンガ（*Hydrocynus goliath*）
北米	アリゲーターガー（*Atractosteus spatula*） キングサーモン（*Oncorhynchus tshawytscha*） ホワイトスタージョン（*Acipenser transmontanus*） スプーンビルスターション（*Polyodon spathula*） フラットヘッドキャットフィッシュ（*Pylodictis olivaris*） ブルーキャットフィッシュ（*Ictalurus furcatus*） マスキーパイク（*Esox masquinongy*） ロングノーズガー（*Lepisosteus osseus*）

また、淡水魚の場合、それぐらいの大きさになると生息している水域において生態系の頂点たるヌシになってくる場合が多い。そこに、淡水魚に限定する意味のひとつがある。

ただ、最初から「体長一メートル、もしくは体重一〇キログラム」という目標があったわけではなかった。怪魚釣りの旅を重ねていく中で、取材を受けるようになると、怪魚の定義について質問される機会が増えた。しかし当初は、釣りたいと思う魚を直感的にリストアップしていただけなので、自分にとって怪魚とは漠然とした枠組みに過ぎず、それをどう言葉にすればよいかわからなかったのだ。

世界的巨大魚ハンター・ヤコブとの出会い

目標を数値化するようになったのは、ヤコブ・ワーグナーというチェコ人に出会ってからだ。彼は世界的な巨大魚ハンターで、出会った当時、米誌『ナショナル ジオグラフィック』で「巨大魚保護プロジェクト」という企画を進めていた。ヤコブは、一〇〇キログラムに成長する巨大淡水魚を「フレッシュ・ウォーター・ジャイアンツ」と称し、地球上に生息するそのすべてを釣り上げることをライフワークとしていた。

これはあくまで僕の個人的な印象だが、「体長一メートル、もしくは体重一〇キログラム」を「怪魚」とするなら、ヤコブの言うフレッシュ・ウォーター・ジャイアンツは「怪物」とでも呼びたくなる。というのも、一〇〇キログラムの魚とは、長さでいえばおよそ二メートルにもなる超巨大魚だからだ。

先述したように、生物の体は、ほとんどが水でできているので、大きな魚も小さな魚も、長さが二倍であれば、重量は二の三乗倍で八倍、理論上は八〇キログラムとなる。ただし、生物の多くは巨大化するにつれて長さ以上に太りだす。生息環境のキャパシティや、骨よりも肉のほうが成長しやすいという生理的な理由など、さまざまな要因が重なり、概してエサ環境がよければ、ある程度まで大きくなった個体は、長さよりも太さで巨大化する傾向にある。だから、二メートルでおよそ一〇〇キログラムという数値は、彼の言葉で言うフレッシュ・ウォーター・ジャイアンツ、僕の言葉で言う「怪物」の目安として妥当だと思う。

ヤコブと最初に出会ったのは、二〇〇九年の夏、アフリカのコンゴ川で、幻の巨大魚「ムベンガ」を追っていたときのことだ。彼もまた、三カ月という期間をかけて、ムベンガに挑戦中だったが、あいにく船が故障し、修理のために停滞を余儀なくされているということだった。

ヤコブは、魚を一般的な名称だけでなく、学名でも呼んだ。そんな釣り師は初めてだった。生物の名称には学名のほか、日本語では和名、英語では英名がある。和名も英名も標準名は決まっている。しかし、かつては生物の形態を基準にして名称を決めていたこともあり、たとえばナギナタナマズという和名の魚は、実はナマズとは関係なかったりする。

そのため、魚を最も客観的に呼ぼうとすれば、世界共通の名称であり、属名と種小名で構成されたラテン語の学名で呼ぶことになるわけだ。

ヤコブが魚を学名で呼ぶのには、彼の親族が生物学者をしていることも関係しているのかもしれない。彼は、ほかの釣り人に比べると魚を客観視しているように感じられた。フレッシュ・ウォーター・ジャイアンツという呼び名といい、一〇〇キログラムという明確な定義づけといい、ヤコブは巨大魚を自分なりの魚のカテゴリーとして捉えようとしているのかもしれない。

彼は自身で定めたフレッシュ・ウォーター・ジャイアンツの定義に合致する魚をきっち

りと二三種リストアップしていた。ヤコブと出会ったことで、僕自身も「怪魚」を数値で定義づけしてみようと考えるようになった。怪魚の基準である「体長一メートル、もしくは体重一〇キログラム」は、フレッシュ・ウォーター・ジャイアンツに比べると小ぶりだが、そもそも長さで二メートルを超える淡水魚の魚種数が極めて少ないことを考慮すれば、妥当な数値選びだろう。

フレッシュ・ウォーター・ジャイアンツのような「怪物」を釣る場合、手法はほぼエサ釣りに限定され、「待ち」の戦術をとるのが一般的となる。一方、一メートルの魚であれば、二メートルの魚よりは個体数が多いので、ルアーを投げては巻く「攻め」の戦術で、釣る確率を高めていける。自分から動いて魚にアプローチしていきたい僕には、後者のスタイルのほうが性に合っているのだ。

ヤコブと出会った当時は二三種だったフレッシュ・ウォーター・ジャイアンツだが、二〇一四年に横浜で開催された「国際フィッシングショー」で彼と再会したときには、三五種に増えていた。彼もまたリストアップする魚種を模索中なのだろうが、いずれにしても、その数はまだそれほど多くはない。

対して、一メートルの怪魚は優に五〇種類以上にのぼる。正確には、もっとたくさんの巨大魚が存在しているが、絶滅危惧種レベルのものも多いため、一カ月ほど旅しても出会えないような魚は除外して、五〇種以上は確実という計算に至った。キャラクターは多いほうが賑やかで、目標とするのには楽しい。こうして、「淡水域に生息し、体長一メートル、もしくは体重一〇キログラムに成長する巨大魚」という僕なりの定義が生まれたのである。

海の巨大魚と怪魚の違い

海にも巨大魚はいる。巨大魚釣りの定番といえば、むしろ、カジキやマグロのトローリングを思い浮かべる人のほうが多いかもしれない。しかし、怪魚釣りの世界に足を踏み入れた当時の自分は、そうした海の魚たちに怪魚ほどのクリエイティビティーを見いだすことができなかった。

マグロなら津軽海峡、カジキなら与那国島に行けば、日本の近海で釣ることができる。すでに漁法が確立されており、船を走らせ続けるトローリングによって釣り上げられた魚は、釣り人というよりも、船長の手柄と言ったほうがいいだろう。

お金をかけて高価な装備をそろえ、チームを組んで行う釣りは、登山でいうところの「極地法」のようなものだ。しかし、怪魚釣りは最小限の物資と人数で頂上を目指す「アルパインスタイル」で行うところに面白みがある。

淡水巨大魚の場合は、まず生息地を調べるところから始まる。その場所までどうやって行き、どのようにターゲットの魚を見つけ、いかに釣るか、決まった答えはどこにもない。試行錯誤し、自ら道を切り開かなければ、魚に出会うことすらできない。あらゆるプロセスが「未知」であるがゆえに、そこには自由と創造がある。これが僕の考える怪魚釣りの醍醐味だ。

また、個性的な魚が多い怪魚釣りでは、予想外の冒険や思わぬドラマが生まれることも少なくない。二〇〇六年にモンゴルで奇跡的に釣ることができた巨大魚「タイメン」。二〇〇八年に、アマゾンで釣り上げた世界最大の有鱗《ゆうりん》淡水魚「ピラルクー」。翌年、アフリカのコンゴで約二カ月をかけ、人生の転機にもなった怪魚中の怪魚「ムベンガ」。二〇一二年にパプアニューギニアの大湿原で偶然に出会った、おそらく新種と思われるオオナマズ「イートングーシーダダ」に、頭がチェーンソーのようなノコギリエイの「ディンディ」などなど。その私的黎明期ともいえる学生時代の物語は、拙著『怪物狩り』（地球丸）にまとめている。

大きくなる淡水魚のタイプはさまざまだ。口をパクパクさせながら、プランクトンを食べている種類は、いわば固定収入のある公務員タイプ。群れで行動し、決して一度に大きな資源を捕らず、川に流れてくるものをコンスタントに食べて成長できるので、どの個体もほぼ均一の大きさになる。利根川水系で増えた中国原産のハクレンがそんな魚の代表に挙げられるだろう。日本以外でも、北米大陸など世界の温帯地域で増えている。世界最重量の淡水魚ともいわれるメコンオオナマズも、これにあたる。海の魚になるが、世界最大の魚であるジンベイザメが、プランクトンを主食とすることを考えれば、淡水の事情も類推してもらいやすいかもしれない。

「怪物」の中でもさらにごく一部、極端に巨大化する種類は、獰猛《どうもう》な肉食魚より、草食や雑食魚が多いように思う。貝など捕獲に労しないエサをチマチマと食べ続けながら、体に栄養を貯蓄していくようなタイプのほうが大きくなる印象がある。

淡水魚の中で三メートルを超えるような魚というと、たとえば北米に生息するチョウザメがいる。このチョウザメも獰猛にエサに襲いかかるというよりは、遡上してくるサケなど死んで腐った魚の肉をチマチマと食べているそうだ。ヤコブが言うフレッシュ・ウォーター・ジャイアンツにはこういうタイプが多いが、先述したようにエサを置いて待つだけなので、個人的にはあまり面白い釣りだとは思わない。

僕が特に好きなのは、一匹狼で群れない孤高のハンター的な肉食魚だ。川のヌシのように大きくなった一匹を、どうしたら釣れるだろうかと考えるのが楽しい。また、怪魚釣りの旅の面白さは、行ってみるまでわからないというところにもある。どういう場所にどのように生息しているのか、ある程度、予想はしていくもののはずれることもある。

その一例が、ペーシュカショーロだ。ピラニアなどと同じ、鋭い牙を持つアマゾンの魚で、体長は一メートルほどになる。いかにも怪魚といういかつい風貌で、小さい頃からあこがれの魚だった。

ところが、現地に行ってみると、一匹狼どころか群れで行動しているではないか。そこに糸を垂らすと、威厳もなくどんどん食いついてきた。おまけにするどい牙で、次々にルアーを壊す。これでは、何にでもつっかかる見かけ倒しのチンピラみたいだと、少々、幻滅してしまった。

一方、先述したコンゴ川のムベンガは、ペーシュカショーロと同じカラシン目ということで、最初は急流で群れをつくっているのではないかと推測していた。だから三週間ほどあれば釣れるとふんでいたのだが、実際は急流という生息域は合っていたものの、老成魚は一匹で単独行動しているような印象で、釣るのは非常に難しかった。ムベンガについては後述するが、釣るまでにかかった日数は約二カ月。あまりに釣れないので、途中で心が折れそうだった。

古代魚の魅力

僕がかっこいいと思う魚は、古代魚と呼ばれるものに多い。この古代魚という言葉も学術用語ではなく、決まった定義はない。一般的には、「恐竜の時代からほとんど形を変えていない魚」と言えばわかりやすいだろう。

シーラカンスはその代表例だが、ガノイン鱗といわれる鎧のように硬い鱗を持つアフリカのポリプテルスや北米のアリゲーターガーも、典型的な古代魚だろう。また、古代魚にはピラルクーやナギナタナマズ、ハイギョなど、空気呼吸する種類も多い。

古代魚をかっこいいと思うのは、生き物の根源的なところに惹かれるからかもしれない。大陸移動の歴史を考えると、人類のルーツといわれるアフリカは、淡水魚のルーツでもあると考えられる。アフリカ大陸がゴンドワナ大陸の一部であった時代、そこに淡水魚の祖先が棲んでいた。そしてゴンドワナ大陸が分裂した後、淡水魚たちもインド洋上をインド亜大陸が移動したルートに沿って、アジアへと広がっていった可能性が考えられる。前章で触れた多紀氏の本をきっかけに、初めてこの話を知ったときは感動した。初めは直感的なものでしかなかった興味や疑問も、科学という視点で掘り下げていくと、論理的に理解することができる。

古代魚には、大きくなる種類も多い。その理由は、進化の過程において、エラ呼吸ではなく空気呼吸する形質を持つようになったことが関係しているのではないかと推測している。

淡水で大きくなるには、酸素不足と闘わなくてはならない。川の場合は水の流れによって常に酸素が供給され続けるが、沼ではそうはいかない。水温が上がるほど、溶存酸素量はどんどん減っていく。三〇度を超えるような水の中では酸素量が絶対的に足りないため、エラ呼吸だと巨体を維持するのに十分な酸素の量を得ることはできないだろう。

そのような場所には、わずかな酸素でも生きていける小魚たちが棲みつく。そしてこれを食べて大きくなれるのは、空気呼吸の魚が多いというわけだ。生き物の相関関係はとても複雑なので単純に語れるものではないが、空気呼吸という形質を得たことで巨大化したというのは、複合的な理由のひとつとして間違ってはいないだろう。

魚類の約一割を占めるナマズ

もちろん、怪魚の対象は、いわゆる古代魚に限らない。先述のムベンガやカショーロといった牙魚は、進化という意味では最新鋭ともいえる魚類だ。

また、属の中で最大の種類は、やはり釣ってみたい。生物の分類には目・科・属・種があり、目から種に進むにつれ分類が細かくなる。たとえば、シルルス属のナマズで最大種といえば、ヨーロッパオオナマズだ。学名をシルルスグラニス *Silurus glanis* といい、三メートルを超える。おそらくユーラシア大陸最大級の純淡水魚だ。

僕は二〇一六年にチェコで、二メートルを超える個体を何匹も釣り上げた。二メートルを超える淡水魚の中では、個体数が多く、比較的釣りやすい種だ。

これと似たシルルス属のナマズで、ギリシャにしかいない種類、あるいは中国のアムール川や長江にしかいない種類もいる。しかし見た目はほぼ一緒。これら全部を釣ろうと思ったら、人生がいくつあっても足りない。だからシルルス属なら、自分はとりあえず最大種のヨーロッパオオナマズだけでいい。ただ、最近、南米に最も原始的なナマズがいるのを知り、ごく小さなナマズではあるけれど、そういう特別な種類は大きさ関係なしに釣りに出かけたいと思う。

余談になるが、ナマズというのは非常に種類が多い。約三万種類の魚類のうちおよそ一割、三〇〇〇種ほどがナマズだ。それらが五大陸すべてに分布し、多様化している。最近では、自分より年下の釣り人たちから、「怪魚は小塚さんがやり尽くした」と言われることが時々あるのだが、それなら標的をナマズに絞って釣ってみるというのも面白いのではないだろうか。僕は「属」の段階で線引きして、広く浅く釣り歩いてきたが、ひとつの属のさまざまな「種」に絞って釣ることを目標とするのは新しい。ナマズにはそれだけ深い世界があるし、新しい挑戦もまだまだたくさんある。

魚の年齢を知る方法

怪魚釣りをしていると、目的は記録への挑戦かと問われることがある。しかし、記録を更新するために、より大きなサイズを求めて釣り続けることには、あまり興味をもてない。人間がスポーツフィッシングだ、キャッチ・アンド・リリースだと、いくら聞き心地のいいことを言ったところで、魚の立場からすればそれは殺傷行為でしかない。僕はきれいごとに逃げずに、あくまで自分のエゴを動機に釣りと向き合いたい。だからこそ、必要以上の捕獲を行うことはしたくないと思っている。

けれど、そんな僕も一種類だけ、サイズアップを狙って釣り続けている魚がいる。それはパプアニューギニアに生息するパプアンバスだ。パプアニューギニアにはこれまで七回行き、その都度訪問している村がある。長年、お世話になっている人たちもおり、釣りをするだけでなく、村や周辺環境の変化も目の当たりにしてきた。それだけに、この場所で

パプアニューギニアで釣り上げたパプアンバス

世界記録のパプアンバスを釣り、土地の人たちの誇りにしたいのだ。

　ただし、このような動機は例外中の例外だ。やはり、基本的には一種類につき満足できる魚が一匹釣れればよいと考えている。既存の記録より大きなサイズのものが釣れればうれしいが、自分が直感的に「満足できるサイズ」であれば、同じ種類でそれ以上の大きさの個体を狙うということはしない。

　以前、「自分は何を基準として釣り上げた怪魚に満足しているのか」と考えたことがある。成魚であることはもちろんだが、同じくらい大きな魚でも、若い個体と年をとった個体がいる。やはり、できれば老成した風格のある個体を釣りたい。

しかし、魚のどこに年齢を感じるのかと問われると、解剖でもしない限りは個人的な感覚の話にならざるを得ない。僕自身のこれまでの経験から、その感覚を客観的に言語化するとすれば、それは顔に対する目の大きさではないかと思う。人間も子どもの頃は顔の中で目が大きく見え、それが幼い印象を与えるのではないだろうか。魚も同様で、若い表情というのがあるものだ。たとえば、大きな湖と小さな池で、同じ五〇センチメートルのブラックバスを比較したとき、明らかに湖のブラックバスのほうが、若く見える。エサが豊富で、広い環境では成長が早いのだろう。

逆に、老成した魚は、概して顔に対する目のサイズが小さく感じる。先も述べたとおり、これはあくまで主観で統計をとったものではないが、僕の釣り仲間も同じことを言っていたので、「言われてみればそうかもしれない」と共感してくれる釣り人は多いだろう。

ちなみに、正確に魚の年齢を知るには、耳石を調べるという方法がある。耳石は平衡感覚に関わる器官で、文字どおり耳の位置に入っている石のような骨だ。輪切りにすると木の年輪のように積層しており、薄くスライスしたそれを顕微鏡で見ると、年齢を知ることができるのだ。また、海と川を行き来した魚などは、その年輪をつくる物質をさらに詳しく分析することによって、どれほどの期間、海にいて、どの段階で川に上がってきたのかということもわかる。つまり、耳石は魚の個人（個魚？）情報が詰まった骨というわけだ。

怪魚大国アマゾンと怪魚空白地帯の「王」

地球を怪魚的視点で俯瞰すると、人間界とはまた違った世界が見えてくる。「怪魚大国」は間違いなくアマゾンだろう。アマゾン川に生息する魚の種類は桁違いに多く、何の予備情報もなく行っても結構釣れてしまう。

アマゾンにはなぜこれほど巨大魚が多いのか。それはおそらく、雨季と乾季が怪魚たちに恩恵をもたらすからだろう。雨季になると日本では考えられないほどの面積の陸地が水に沈む。すると、巨大魚が入り込みづらいそこは小魚にとって絶好の揺りかごとなり、半年ほどの間に、ある程度の大きさに育つ。やがて乾季になると今度は水に浸ったエリアが一気に収縮し、小魚たちも集約されるため、それらを食べる大型魚にとっては恵みの季節となるわけだ。

広大なアマゾンは、場所によって雨季と乾季の時期がずれていて、年じゅう、どこかに乾季のエリアがある。そのため、季節の移り変わりに合わせて乾季の地域を釣り歩けば、一年中大爆釣《だいばくちょう》が続く。こんなところは、世界中探してもほかにはないだろう。

僕が長年通っているパプアニューギニアにも、雨季と乾季がある。ただ、アマゾンと決定的に違うのは、純粋な意味での淡水魚が極めて少ないという点だ。進化の歴史上でも、現在の生活史でも、海水と一切縁のない一次性淡水魚と呼ばれる魚は、アロワナの仲間一種類だけだ。

パプアニューギニアは島国だが、僕が通っている地域は、大河の中流域に広がる湿原。川といっても中流域ですら潮の干満が影響する、日本の河口のようなエリアだ。そのため、淡水魚といえども生活史のどこかで海と関わりをもつ魚が大半を占めている。スズキやタイなど海に由来する魚が淡水に入り込んで適応し、生態系の頂点を制している。

アフリカにも雨季と乾季はあるものの、アマゾンのように水浸しになる場所は、僕が旅した範囲では少なかった。水量の増減はあるにしても、川は同じ場所を流れているだけで、魚の密度が急激に増えたりすることはない。

また、面白いことにチグリス・ユーフラテス川が流れる中東エリアは怪魚空白地帯で、怪魚の基準である「一メートルに成長する淡水魚」は一種類しかいない。一メートルに届くか届かないかというサイズにまで稀に成長する魚がもう一種いることはいるが、食性は穏やかで、その多くが五〇～六〇センチメートルと、怪魚と呼ぶには物足りないのだ。

ちなみにその唯一の怪魚というのが、現地で「ソング」と呼ばれているコイの仲間だ。日本では「マンガル」という名前のほうが知られているかもしれない。学名ではルシオバルブスエソチヌス *Luciobarbus esocinus*、英名ではキングバルブス、つまり「コイの王」だ。

コイは世界で最も種類が多い淡水魚だ。約一万数千種の淡水魚のうち、およそ四〇〇〇種までがコイで占められる。二番目はナマズの約三〇〇〇種だが、分布範囲では、五大陸にいるナマズのほうが広い。コイはオーストラリア大陸にはいないし、アメリカ大陸では北米にしか生息せず、南米にはいない。

しかし、ユーラシア大陸では、コイのほうがナマズより種分化しており、チグリス・ユーフラテス川にも、コイの仲間はたくさんいる。逆にこの水系には大きなナマズがいない

コイの王と呼ばれるソング

ようだった（いるという情報もあるが、これは移入種のヨーロッパオオナマズの可能性を疑う）。小さなナマズは現地でも見たが、怪魚釣りの旅で、一メートルを超えるナマズがいない大河というのは、ほかに経験したことがない。また、コイ以外には生態系の頂点に立つような目立った肉食魚が生息しておらず、その生態系の頂点に立つコイがソングなのである。

利根川や琵琶湖にも怪魚はいる！

では、日本はどうかというと、こちらもあいにく怪魚貧国だ。学生時代にルアーフィッシングで釣れそうな日本の肉食巨大魚をリストアップしたことがあるが、候補に挙がったのは、北海道の「イトウ」、琵琶湖の「ビワコオオナマズ」、高知の「アカメ」の三種類のみだった。この三種を「日本三大怪魚」などとキャッチーな括《くく》りで呼んでいたら、いつの間にかこの呼び名がすっかり定着してしまった。ただし、イトウとアカメは河口近くの淡水と海水が混じる汽水エリアに生息し、海と川を行き来しているため、淡水魚とは言い切れない。

その後さらに、オオウナギを加えて、「日本怪魚四天王」という言葉もつくったのだが、あいにく「オオウナギ」の場合、釣りの対象としては、どこか「ゲテモノ」的なイメージがあるようで、三大怪魚ほどはメジャーになっていない。

また、これらを釣り終えた最近では、利根川に生息する「アオウオ」も、日本の怪魚リストに加えた。それまでリストに入れていなかった理由は、数が極端に少ないことに加え、もとは中国から来た魚だからだ。先述したように、ひたすらサイズアップを目指す釣りは、こと希少魚(日本三大怪魚)においては褒められたものではないと考えているが、やはり国内で目標とする怪魚がいないのは物寂しい。アオウオを新たな目標として掲げることで、日本国内での怪魚釣りに今後の楽しみを見いだしたかったという思いがある。

アオウオは、細々と生き延びてきた魚だ。戦後、食糧難を解消する目的でソウギョやハクレンが放流された際に、それに混ざってアオウオも日本の川へと放たれた。中国本土では、すでに本来の生息地である川ではほぼ釣れないと聞いたことがあるが、それもなんとなく想像はつく。あの広大な大陸の、あの対岸が見えないような大河の本流で竿を出すのであれば、釣果は期待せず、太公望のように釣りをすること自体に酔えないと無理だろう。僕はまだその域に到達していない。釣り人の中には人工のダムに放流されて大きくなったものを狙っている人もいるそうだが、それならば利根川で釣るのと違いがない。もちろん、中国本土で釣れればよりうれしいだろうが。

釣りと狩りの線引き

日本の怪魚といえば、たまに「名古屋城のアリゲーターガーを捕ってほしい」という依頼をされることがある。アリゲーターガーは体長二メートルにもなる北米原産の世界最大級の淡水魚だ。ワニのような顔が特徴的な肉食魚で、日本ではペットショップで購入されたものが捨てられたり逃げたりして、平成三〇年には特定外来生物に指定されるという。

そんな事情もあって僕のもとにも捕獲の依頼が少なからず来るわけだが、これでは怪魚釣りでもなんでもなく、ただの外来魚駆除だ。僕自身、最近では「怪魚ハンター」などと呼ばれるようになり、自己紹介の際にも便宜上この肩書きを使うことがあるが、正直なところ「ハンター」という響きはあまり好きではない。魚が好きで釣りをライフワークとしているのに、殺し屋みたいな扱いをされるのはあんまりだと思うのだ。

その一方で、冬期には文字どおりハンターとして猟銃を持ち、一〇〇パーセントの殺生を前提として、鳥獣と向き合うことに楽しみを見いだしている自分もいる。つまり、これは生き物と向き合う際のスタンスの問題であって、自分の中にも釣りと狩りの線引きはあるのだ。

深海魚という新たなフロンティア

二七歳の頃、僕はある目標を設定した。それは、自分がリストアップした怪魚のうち「これが釣れないと、死んでも死にきれない」という怪魚（多くは「怪物」レベルの超巨大魚）を二〇代のうちにすべて釣るという目標だ。そして、この目標は二九歳のときに達成することができた。

社会の一員として釣り用具の製造・開発を生活の基盤にしている僕にとって、テレビ出演や雑誌への寄稿も頼まれれば引き受けたいと思う。超巨大魚を目標とするにあたり、それらを釣ることで社会的に認知されることを期待していなかったといえば嘘になる。

釣れるまで何年かかるかわからないような魚や、釣っても話題性がほとんどない魚は、二〇代の目標から外した。希少な怪魚に関しては、三〇歳以後に生涯のライフワークとして、コツコツと僻地《へきち》行を継続していこうと思ったのだ。そして、それと並行して、次の目標として考えた新たな「未知」を釣る遊び、ある程度の社会性を有する目標が、深海魚だった。

二〇一二年に僕が設立した「株式会社モンスターキス」の主要業務は、釣り用具の企画や開発、およびその販売だが、定款の業務内容一行目には、「シーラカンスの新生息地を発見し、釣り上げる」と記載している。起業に際し、この定款は役所の職員を困惑させた。

僕からすれば、これは究極の目標ではあるものの、荒唐無稽なことを書いたつもりはない。言葉の一つひとつも、きちんと精査している。ここで重要なのは、「新生息地の発見」

という文言だ。すでに発見されている場所（国）での釣りは、仮に調査などの名目で許可が下りたとしても、僕の目指すところではない。新生息地の発見であれば、学術的に大きな価値があり、発見地にとってもプラスとなる。また、シーラカンスの保護の面でも有益であり、それは企業としての社会的意義にもつながると考えた。僕がそこまで説明すると、役所の人も理解を示してくれ、無事に受理された。

シーラカンスについては後述するが、淡水魚ではないものの、誰も見たことのない「怪」なる魚にチャレンジするという意味では、この目標もまた怪魚釣りと地続きだ。

深海といわれる深さ二〇〇メートル以上の海が地球の表面積に占める割合は、陸地よりも広い。そして深海は、まだ人類が明らかにできていない謎だらけだ。そんなところへ、もしも潜水艦で行こうとすれば、かなりの費用がかかるだろう。海の最も深い場所は、水深一万九二〇メートル（プラスマイナス一〇メートル）、アメリカ領マリアナ海溝のチャレンジャー海淵だが、映画監督のジェームズ・キャメロンは二〇一二年に特注の一人乗りの潜水艇でこの海淵に挑戦し、潜航を成功させた。有人潜航としては、一九六〇年のアメリカ海軍の軍人とスイスの海洋学者以来、五二年ぶりだそうだ。こんなことを個人がやろうとしたら、それこそ、キャメロン監督ほどの資産家でなければ無理だろう。

チャレンジャー海淵ほどではなくても、深海は一般人が簡単に行けるような場所ではない。しかし、釣りの場合は、釣り船を一隻チャーターし、ポイントまで行って釣り糸を垂れれば、一五分ほどで一〇〇〇メートルの深さまで到達することができる。費用は船にもよるが高くても一日一〇万円程度。場所によってはカヤックなど、自力かつ人力で、タダで深海の洋上まで行けてしまう。さらに、深海にある情報を自分の釣り針に引っかけて、持ち上げてくることができるのだ。水深一〇〇〇メートルを超える海、さらにはもっと深い場所へ糸を垂らし、異界と能動的にリンクする……考えただけでも、ワクワクしてくる。

深海には大きくなる生き物が多い。海の魚で、二、三メートルを超えて大きくなるのは、基本的にマグロのような浅い海で泳ぎ続ける種類か、深海でゆっくりと成長する種類ではないだろうか。

生物の成長を制限する要因は諸説あるが、僕は骨ではないかと考えている。いわば深海のカジキであるメカジキは、肋骨がなく、確認されている最大のものは六〇〇キログラムにもなるという。また、軟体動物であるクラゲやイカなどは、特に成長速度が速い。イカ類の多くは一年で寿命を終える。海洋生物学者の窪寺《くぼでら》恒己《つねみ》先生によれば、ダイオウイカでも三年ほどで全長一四メートルまで育ちきると考えられるそうだ。

以前、北海道へ深海魚釣りに行ったとき、一緒に行った釣り雑誌の編集者が巨大イカを釣ったことがあった。ダイオウイカかと興奮したのだが、ニュウドウイカという種類だった。ダイオウイカほど巨大化する種ではないが、ダイオウホウズキイカ、ダイオウイカに次いで巨大になる「世界三大イカ」の一角で、このときに釣り上げたものは触腕も含めると二四〇センチメートルもあった。

なお、海の巨大魚といえば、サメがよく知られている。淡水魚以上に古代魚の形質を持っており、浮袋もなく、種類も多い。ただ、サメの場合は大きすぎて、釣りの領域を超えてしまう。

三メートルを超える魚を釣り上げようとすれば、人力だけでは難しくなってくる。先述の一メートル＝一〇キログラム理論から単純計算すれば、体長が三倍になると、その三乗で体積は二七倍。およそ二七〇キログラムとアタリをつけられる。いつか実験してみたい気持ちはあるものの、僕の体力では、三メートルのサメを単独で釣り上げることはできないだろう。ましてや一八メートルにもなるホオジロザメなど、絶対に不可能である。

また、大きな魚は、釣り上げたときには死んでしまい、生きて戻すことが難しい。旨《うま》い、不味《まず》いは別の話として、故意か否かにかかわらず死なせてしまった魚は、基本的にすべて食べるようにしているが、サメほど大きくなると食べきることもできない。それがわかっていて釣るというのは魚に対して申し訳ない気がしてしまうのだ。種類にもよるが、きちんと処理された新鮮なサメは、個人的にはおいしいと思う。ただし、体の生理的特性ゆえに、アンモニア臭を放ちやすく、一般的な評価が高いとは言えない。おいしいといわれている高級魚、食べ慣れた大衆魚ならいざ知らず、サメの場合は、お裾分けするのも難しいのが現実だ。

頭がハンマーのようになったシュモクザメや、長い尾びれで捕食するオナガザメのように、面白い特徴をもつ種をいつか釣ってみたいとは思うものの、いわゆるサメは、怪魚の対象からは外している。

以上が、僕が考える怪魚の定義（のようなもの）だ。次章では、淡水巨大魚と深海魚の探し方について話をしていこうと思う。

第二章　怪魚を探す

金なし、コネなし、情報なしの旅

怪魚を釣るために大切なもの、それは技術や道具などではない。重要なのは情熱と情報だ。どこに行けば釣れるのか、それを調べるところから旅は始まる。そして集めた情報を集約し、最終的に釣りに至るまでの過程が肝心だ。なかなか出会うことのできない怪魚を前に、途中でくじけそうになることもある。そんなときには、この魚に出会わなければ帰れないという熱い思いが心の支えとなり、忍耐力を生む。

しかし、本音を言うと純粋な思いだけでもない。その魚を釣るために費やした膨大な時間と金を思えば、とても途中で諦めることなどできないのだ。また、誰かに先を越されたくないという思いも当然ある。もしも自分に釣り上げることができなければ、その魚を狙っているライバルたちが喜ぶだろう。その顔を想像すると、なんとしても釣ってやるという勇気が湧いてくる。

特に怪魚狩りを始めた頃は、目的とする旅を終えたら、就職活動をするつもりだったので、ここで釣らなければもう二度と来ることはないだろうと思っていた。「出会いたい」というより、「出会わないと帰れない」という一念で釣ってきた感じだ。

最初に怪魚釣りの旅に出た二〇〇四年は、ちょうどインターネットが個人による情報発信手段として利用され始めた頃だった。開高健の『オーパ！』（集英社文庫）の時代、地球の裏側まで手紙でやりとりしていたことを考えれば、ずいぶん便利になった。それでも当時はSNSという言葉も、スマートフォンもない時代だった。

二〇〇五年に初めてパプアニューギニアに行ったときは、現地の様子が肌感覚で伝わってくるような個人サイトは見当たらず、結局見つかったのは商業目的のサイトだけだった。一応、そのサイトの運営者に連絡をしたものの、希望の場所へ行くには、ツアーを手配せねばならず、そのためにかかる経費は学生である僕の予算をはるかに超えていた。仕方がないので、パプアニューギニアまでとりあえず行ってみることにした。

実は事前に釣り雑誌で、パプアニューギニアのフライ川流域にある村へ行けば、パプアンバスという巨大魚が釣れるという情報を得ていた。海外遠征二回目にして、まったく情報のない土地へ行く勇気はさすがになかったので、まずはこの村を目指し、その後さらに奥地まで足を延ばそうと考えた。

しかし、旅に誤算は付きものだ。第一目的地の村で大魚を釣り上げた後に熱を出して倒れてしまった。そのため、予定していた奥地に行くことは叶わなかった。大きな病院などないような村だったので検査はしていないのだが、あの関節痛はマラリアだったのだろう。当時、居候していた家の主で、村一番のワニ漁師ワビルには、本当に世話になった。これが縁となり、ワビル一家との付き合いは今も続いている。

泣く泣く断念した奥地への遡上だが、二〇一三年にはワビルのサポートを得て再挑戦した。しかし、八年越しの挑戦も虚しく、パプアンバスを釣ることはできなかった。予想外だったのは、上流にある銅鉱山から奥地へと物資や資本が流入していたことだ。奥地はワビルの村よりも近代化していたのである。

結果としてわかったのは、ワビルの村こそが、この流域で最も文明から距離を置いており、魚も残っている場所だということだった。

近年では、インターネットが急速に発達し、SNSを使って手軽に情報を得られるようになった。しかし、だからこそ僕は僻地を旅する際にインターネットから距離を置くことにした。「未知を求める」というスタンスの旅では、時にインターネットがおせっかいな存在となる。ネットに上がっている情報とは結局のところ誰かの後追いでしかない。それならば、自分の足で情報を探したほうが面白いのだ。

一方で、社会人になってから始めた先進地域への旅では、インターネットをうまく活用し、時間とお金の配分なども徹底的に検討する。グーグルアースの航空写真で確認したポイントへレンタカーで乗りつけるというケースも多いが、よくも悪くもコストパフォーマンス重視の方法だ。北米やヨーロッパ、オーストラリアなどの先進国では、そもそも釣りのライセンスを購入しなければならない。また、釣り具店には詳細なポイントマップがあり、一日に釣り上げていい匹数が事細かに決められている。

先進地域を旅する際のスタンスは、「未知を求める」という辺境でのそれと大きく異なる。コスパさえよければ迷わず現地ガイドを雇い、何不自由ない「旅行」を楽しむこともある。

僻地を釣り歩くコツ

怪魚釣りの真骨頂である、僻地での旅に話を戻そう。僕の場合、目当ての魚に関する学術論文は、ネットで簡単に見られる範囲ではザッと目を通し、そのうえで現地で直接、地元の人に話を聞くようにしている。また、これまでの人とのつながりの中で得た情報をもとに、現地に行くこともある。学術論文と自分自身で摑《つか》んだ一次情報、そのどちらも欠かすことはできない。

現地で魚を探す方法は、そのときの状況や魚の種類によって異なる。時には、魚群探知機を持ち込んで探したこともある。しかし基本的には、人脈の開拓から始めることが多い。大抵の場合、まずは市場を覗く。釣りたい魚が現地で暮らす人々の食糧として、普通に売られていたりするからだ。

「怪魚」と呼ぶくらいなので、できれば一週間程度はがんばって、ようやく一匹釣れるか釣れないかという魚であってほしいというのが本音だ。それなのに目当ての怪魚が現地で普通に釣られていると、少し興ざめではある。たとえその魚が「一メートル、一〇キログラム」という定義に当てはまっていても、市場で売られているというだけで自分の中では、気軽に釣って楽しむ「釣魚」寄りのイメージとなってしまうのだ。ただ、市場で売っているものは、サイズが小さかったり、養殖であったりして、野生ではやはりなかなか捕れない「怪魚」だという場合もある。

また、自分が狙っている魚が市場で売られていないような種である場合には、写真を見せながら、まず魚の現地名を聞いてみる。というのも、魚の名称は土地によって異なるからだ。パプアニューギニアのように部族ごとに言語が異なる場所の場合、ある村ではギンバというナマズを、すぐ隣の村ではマダブと呼んでいることもあった。

そして、現地での魚の呼び名を把握したうえで、漁師たちに「この魚を釣りたい、どこに行けば釣れるか」と尋ねる。すると、「裏の舟溜まりにいる」というような情報を教えてくれるのだ。さらに漁師たちとコミュニケーションをとり続けていると、目がきらきらとしている好奇心の強そうな人物と出会うこともある。

僕の経験上、この手のタイプは、何かトラブルが起きても、柔軟に対応してくれて、信用できる場合が多い。そういう人が見つかったら、「あなたの家に泊めてもらって、舟を出したらいくらか」と、値段交渉をする。特に、親子でいたり、隣に奥さんや彼女がいておしゃべりをしているような人は、子どもや家族の前で、嘘をついたり、騙すようなことはさすがにしないだろう。こうして交渉が成立したら、あとは「レッツゴー!」だ。

釣果に直結するコミュニケーション

人との関わりは、怪魚釣りの成功を大きく左右する。「こいつに釣らせてやりたい」と思ってもらえなければ、目当ての魚を釣るのは難しい。そこで、海外に行くときは、カバンに小さなおもちゃを詰めていき、村の子どもたちと積極的に遊ぶようにしている。子どもと仲良くなれれば、その子たちの親とも親しくなれる。そして、彼らと同じ釜の飯を食う。

幸い、これまでの旅で日本に助けを求めなければならないほど騙されたり、取り返しのつかないような事態に陥ったりしたことは一度もない。ただし、流れに身を委ねているうちにうまくいくこともあれば、付き合う人を何度替えても、「ここだ」という場所にたどり着けないこともある。

人との付き合いやすさは、国によってかなり異なる。たとえばアマゾンの奥地は危険だと言う人もいるが、個人的には、みんなが豊かに生きていて、優しい人が多いという印象が強い。危険なのはむしろ都市部だ。日本でも繁華街には、柄の悪い連中が集まりやすいが、豊かな森を流れる川べりで詐欺や恐喝に遭うことは少ないだろう。

また、島国であり、小さな民族単位の村社会で成り立っているパプアニューギニアには、人を気遣う気質があった。そのため、皆まで言わずともこちらが求めていることを汲み取って動いてくれる人が多く、とても居心地がいい。

一方で僕が訪れたアフリカはそんなに生易しくなかった。外国人と見るやお金に対してあけすけで、おまけに強く自己主張をしてくるので、言い争わなければならないことが多い。毎日けんかばかりだった。

今でもアフリカの一部地域の人々は、裕福な西洋人がリゾートホテルで休暇を楽しんでいるのを横目に見ながら、砂利のついた油っぽい小魚の煮付けを食べていたりする。そのため、言い方は悪いが、旅行者を金づるとして見ているところがあった。もっとも、本音をぶつけ合う日々のおかげでというべきか、東アフリカのイギリス植民地文化圏に約二カ月滞在した間に、それまでほとんど話せなかった英語がずいぶんと上達した。

僕は語学を取り立てて勉強したことはない。ガイドブックの『地球の歩き方』（ダイヤモンド社）の巻末に載っている基本英会話を参考にして、単語を並べながら、身振り手振りでコミュニケーションをとる程度だ。

ただし、ポルトガル語だけは相性がよかったのか、あるいは二三歳の頃に三カ月という長期滞在でアマゾンのポルトガル語圏に行っていたためか、釣りの話と日常会話くらいは不自由なくできる程度に身についた。

「河口」と「濁った水」には魚が集まる！

現地に着いてもすぐに本格的な釣りを開始するわけではない。特に海外では、「ここで粘ろう」という釣りのポイントを見極めるまでにかなりの時間をかける。じっくりと腰を据えて釣りをするためには、ガソリンや装備を買い込む必要があるため、もしもポイントを見誤ってしまうと多額の設備投資がムダになってしまう。慎重を期すに越したことはないのだ。

釣り人の中には、ターゲットがいる川にさえ行けば、あとは釣る技術の問題だと考える人がいる。しかし、それは違う。魚は川のどこにでもいるわけではない。自然はそれほど均一ではないのだ。

たとえば生態調査において辺り一帯のミミズの生息密度を把握する目的で、一メートル四方の地面に生息しているミミズをカウントしたとして、注意しなければならないのは、

「一メートル四方のスケールがミミズの生息密度を割り出すためのスケールとして本当に適正なのか」ということだろう。もしかすると三メートル四方でカウントしていたらまったく違う結果になるかもしれない。どれほど正確にカウントしたところで調査方法がマズければ導き出される結論は事実と大きく異なってしまう。

仮に、ある一メートル四方では一〇匹のミミズが固まっていたとしても、別の一メートル四方にはまったくいないこともあるだろう。どの程度のスケールで調査すべきかは、実験を行う場所や季節、その目的によって変わる。つまり、この場合ミミズという生き物そのものをどれだけ知っているかが重要になってくる。

それは魚も同様で、同じ川であっても魚が集まる場所と集まらない場所がある。魚が多く集まる場所の一例として挙げられるのが、河口付近だろう。

水の中で暮らす魚にとって、浸透圧の調整は生死に関わる重大事項だ。その調整がうまくいかなくなると、淡水魚の場合は外からの水が体内に入り込み水ぶくれに、海水魚の場合は体内の水分が抜け出て塩漬け状態になってしまう。そんな魚たちにとって、絶好の揺りかごとなるのが、河口だ。淡水と海水が混じる河口の塩分濃度では、魚たちは水ぶくれにも、塩漬けにもなりにくく、体力を使ったり栄養を補ったりする必要もあまりない。魚にとっては大変居心地がよい環境で、稚魚も育ちやすいというわけだ。

怪魚釣りにおいて最も重要なのは、魚のいそうな場所を自分の目で見極めることだ。川に行くとまず初めに、舟を出してくれる地元の協力者とともに釣りのポイントを探す。「ここから上流一〇〇キロメートルを右岸沿いに上って、そこまで行ったら、今度は左岸沿いに下りていこう」などと具体的な指示を出し、川の状況を見ることに一日を費やすこともある。

その際には、「あそこは流れがよどんでいて小魚が体を休めるために入ってきそうだが、今は水深が浅くて、大きな魚は入ってこられないだろう。大雨などで水深が上がるようならもう一度来てみよう」という具合に、その時点のみでなく、滞在期間中の先のことも想定しながら、ポイントを見る。

また、川の水質を見ることも重要だ。『オーパ！』で開高健も書いていたが、プランクトンが多い水というのは、濁っていて、汚く見える。しかし、それは水中の生き物からすれば栄養豊かな水なのだ。むしろ、濁りなく透き通りすぎている水には栄養が少ないため、生き物の量も少ない。

水の単位水量当たりにどれだけの炭素が含まれているか、つまり有機物量がどれだけあるのかを見るとき、濁っている水のほうが、概して生産性が高い。

ただし、当然ながら水の濁りにも程度の問題はある。赤潮が発生し、濁りすぎてしまうと、プランクトンが酸素を使い切り、魚たちは酸欠になってしまう。また、パプアニューギニアのフライ川本流のように、濁りの原因が鉱山開発に起因する泥による白濁であった場合、水の生産性が高いとはいえない。

「流れ込み」と「マンメイド」で釣る！

ポイントを探す際の基本は、「とりあえず流れ込み、迷ったらマンメイド」だ。流れ込みとは、湖や大河本流のような大きな水の塊に、小さな水の塊が流れ込んでいるようなところのことを指し、主に支流や名もなき小さな沢などとの合流点だ。また、マンメイドは、その名のとおり、人工建造物である。

川と湖がある場合は、まず川に行く。なぜなら川のほうが、情報が多いからだ。川の水中に大きな石があると、頭が水面に出ていなくても流れによってV字型の波紋が立つ。その水の動きを見れば、「あそこにでかい岩が沈んでいるな」というのがわかり、その陰に大きな魚が身を潜めているかもしれないと推測できる。

逆に水の流れがない湖では、情報が少ない。何を手掛かりに釣ったらよいかわからないので、なかなか釣れない魚を相手にしていると、気力が限界に達するのも早い。この点、川は視覚的に情報を得られるので気持ちの切り替えもしやすい。

また、流れ込みには、エサや酸素を求める小魚が集まる。その小魚を狙って、大型魚が集まるのだ。そして、川にいる魚は基本的に、流されないよう頭を上流に向けているので、エサやルアーの流し方、通し方をイメージしやすい。湖とは違い、川であれば下流側から忍び寄れば気づかれにくく、アプローチしやすいというメリットもある。

一般に、川の魚が潜んでいるのは岸際だ。人間でも、高速道路を歩いていいと言われても車道の真ん中を歩いていく人は少ないだろう。やはり車道の端を歩いていくのではないか。あるいは、広い体育館で待ち合わせした場合、体育館の中央で待っている人はあまりいない。入り口付近か壁際にいると思う。魚もそれと同じだ。だから釣りをするときも、川の岸際を探っていくほうが魚と出会える確率は上がる。

さらに前述したように、流れ込みがあれば、そこに小魚が集まり、肉食魚がやってくることはほぼ間違いない。

また、水門や水に沈んだ土管のような人工物をチェックするのも忘れてはならない。自然界では、このように直線と平面で構成された構造物は決して多くない。体長二メートルになるような魚が入れる洞窟があったとしても、流れのある川の中では土砂が流れ込むなどしてすぐに形が変わってしまう。そこへトンネルに使うような直径二メートルの配管が捨てられたとすれば、たちまち巨大魚の寝床にされることは想像に難くない。魚はもちろん、生き物はすべて、徹底的な現実主義者なので、たとえそれが人間の目には産業廃棄物で、ロマンもへったくれもない場所でも、自然の岩より合理的な理由さえあれば、そちらを選ぶ。巨大魚の例ではないが、川底に沈んだ空き缶は、多くの場合拾い上げて水を流すと、エビや小魚たちのよい隠れ家になっていたりする。

ちなみにこれは豆知識だが、魚たちは「エサを捕る際に水面を利用する」という習性をもっている。特に小魚をエサにしている魚は、獲物を水面に追い込んで捕食する。多くの魚の腹が白いのは、下にいる天敵から自分の姿を見えにくくするためだろう。

ここまで読めば、鋭い読者はすでに気づいているかもしれないが、究極の流れ込みであり、マンメイドでもあるダムは、恰好の釣りポイントだ。激しい勢いで水が流れ込み、酸素がたっぷり供給されるため、小魚が集まるうえに、それ以上は上ってゆけない。そこへ大きな魚も集まってくるため、竿を落とせばどんどん釣れる。

そのため日本では、多くの場合、ダム下二〇〇メートルまで釣りが禁止されている。海外では釣りができるところもあるが、どこかでズルしているような気持ちになってしまうことも確かだ。ダム下で大物を釣り上げたとしても、放水口があるところで記念写真を撮って誰かに自慢したいとは思えない。

開高健の『オーパ!』に、ドラドという黄金の魚の話が出てくる。苦労を重ねて釣り上げたそうだ。汗だくになって魚を抱え、実にうれしそうにしている写真が載っている。「いい写真だなあ」とは思うものの、今ではその感動も簡単に味わえてしまう。というのも、現在、ドラドが世界一釣れる場所は、その水系にできた発電所のダムなのだ。自分は行きたいとは思わないが、ダムの近くには釣り宿ができており、一年ほど先まで予約が埋まっているそうだ。

ダムについての是非はあるものの、確かなのは、人工物がある場所のほうが、原始の自然で、湿原中に魚が散っているようなところより、釣りやすいということだ。もちろん、原始の自然で冒険するほうが、チャレンジの甲斐もある。しかし、現代では、「有史以前の自然」などという場所は、国立公園の保護区の中にしか残っていないだろう。またそういうところでは、観光旅行の一環として釣りができる場合もあるため、奥地へと進んでみると文明化した村や集落に行き着くということも珍しくない。

失敗体験は貴重な情報源

アマゾンの広大なジャングルであっても、手つかずの自然が釣りに向くとは限らない。ジャングルの中で、最も開けている「道」は川だ。手漕ぎの舟やカヤックなどで移動する方法もあるにはあるが、釣りを目的とするなら、エンジン付きの船を活用したほうがよいだろう。そのためにはガソリンが必要となる。けれど、奥地に入ってしまうと、ガソリンを確保できない可能性は高くなる。

未開の地に行く場合でも、まずはその手前の町や村が拠点となる。そこで必要なガソリンを入手できればよいのだが、貴重なガソリンは一リットル三〇〇～四〇〇円と日本よりも高いことが多い。あるいは、村に十分なガソリンがないこともある。病人が出たときのために残しているガソリンまで買い占めて、釣りをするというのは何かが違うと思うのだ。

また、いくら魚が大量にいる場所でも、ジャングルの奥地で野営しながらの釣りが、目標とする怪魚と出会うために最適の方法かということは、よく考える必要がある。大量の蚊に刺されまくり、夜はよく眠れない。体力が消耗して、釣りにも集中できない。そのような場所で無理をするくらいなら、魚の数は多少減っても、夜は体を洗えて、しっかりと睡眠をとれる環境のほうが、パフォーマンスは向上するだろう。

僕は釣りをするうえで、どれだけパフォーマンスを発揮できるか、総合的に判断することを重視している。これは場所選びに限ったことではない。釣り方については後述するが、一例を挙げれば、一番食いつきのいいエサを使うとほかの魚も大量に釣れてしまうような状況では、あえて食いつきの少し悪いエサを使うこともある。

結局、怪魚釣りの要は、人が気づいていないことに気づく観察力と、状況を最適化する情報処理能力、そして総合判断力だと思う。そのためには判断のベースとなる経験値を積み重ね、「信じる根拠」をもっておくことが重要だ。そうすることで、現地の人々から集めた情報を整理し、何が「肝」なのかを判断できるようになる。

逆に、判断を下す際の根拠となるものがないと、本質を見失ってしまいかねない。たとえば、釣り仲間から、「竿はもう少し長くて柔らかいほうが食う」というアドバイスを受けたとき、自分の使っている竿に自信と根拠をもっていない人はすぐにその意見を鵜呑みにしてしまうだろう。釣れない理由が竿ではなく、問題の本質がほかにあるとしても、意思決定の根拠をもっていない人は他人の意見にいちいち右往左往してしまうのだ。

しかし、知識として、「この魚はそこまで神経質なのではなく、数が少ないのでかかりにくいだけだ」ということを知っていて、そのうえで何日も待った経験があれば、なかなか釣れなくても、安易に竿を替えたりせずに、とりあえず待つという選択ができる。

ここで大切なことは、失敗の体験もまた、貴重な情報だということだ。特に海外では、現地に行ってみなければわからないことが多い。第一章で触れたムベンガを釣り上げることができたのも、何度も失敗を重ねたからだ。

この魚はとりわけ情報が少なかった。当初は、コンゴ川の激流に生息しているだろうと思われたが、コンゴ川流域は治安が悪く、長いこと外国人が釣りに行けるようなところではなかった。僕が調べた限りでは、治安が悪化する前にコンゴを植民地としていたベルギーの人がムベンガについて書いた本があるだけで、それもずいぶん前のことだった。

もっと詳しく探せば、もう少し有力な情報を得られたのかもしれないが、僕はこの頃から意図的に情報集めをセーブし始めていた。インターネットの情報に頼るのではなく、「未知」のまま現地へ行き、自分の足で歩き回って、目的を達成したいと思ったのだ。

ムベンガをめぐる冒険

ムベンガというのは現地名で、学名はヒドロキヌスゴライアス *Hydrocynus goliath* という。旧約聖書に出てくる巨人兵士ゴリアテの名を冠するとおり、最大全長は二メートルを超えるといわれている。しかし、どこまで大きくなるのかは、誰も確認できていない。

ピラニアと同じカラシン目というグループに属し、特徴的な巨大な牙は、もはや魚というより、ネコ科の猛獣だ。金色の体色に黒い縦縞が入る見た目から、英語ではゴライアス・タイガーフィッシュと呼ばれる。

アフリカ大陸には五種類のタイガーフィッシュが生息しており、このうち、コンゴ川のゴライアス・タイガーフィッシュ、すなわちムベンガが最も巨大化するだろうということはわかっていた。

コンゴに行った二〇〇九年は、ようやく治安が回復し始めた頃だ。現地に行っても、あまり情報は得られなかった。地元の漁では、ムベンガのように、急流にいる巨大魚は狙わない。物資のないアフリカでは、漁に必要な網は貴重品で、値段は漁師の一年分の収入ほどにもなる。万一、岩にでもひっかけて上げられなくなったら大変なことになる。

そのため、現地のどの場所で見たとか、何十年も前に西洋人が一匹釣ったという話はあったものの、それが何匹いるうちの一匹なのかはわからなかった。分母がわからないと、それが情報として信頼できるものかどうか判断はつかない。

そこで最初の一カ月は、自分の経験から「いるだろうな」と思ったポイントを回ることにした。しかし、それでも釣ることができなかった。つまり、もともと数が非常に少なく、どこに行こうが難しい魚だったのだ。こうなると、最初に聞いた目撃情報や、一匹釣れた

コンゴで釣り上げたムベンガ

という話は信頼にたる情報だと判断できることになる。

　ここからはもう動き回らず、一カ所に腰を据え、村の漁師にはエサに使える適切な大きさの魚（二〇〜四〇センチメートル）が捕れたら、生きたまま持ってきてくれるように頼んだ。それをエサに粘りに粘り、日本を発って五三日目に、ようやく納得の一匹を釣ることができた。

　僕は迷ったら動くようにしている。もうこれ以上動いてもムダだと思うところまで、動き続けないと迷いは晴れない。その結果、動いてもムダだと結論できれば、待つことができるようになる。根本的に季節が間違っていると感じたときなどは、いさぎよく撤退することもある。しかし、それを単なる失敗だとは考えない。「この場所では、この季節には釣れない」という情報が蓄積されたと考える。そして季節を変えてリトライする。こうした経験を積み重ねて、実際に釣りをする環境を整える過程こそが、怪魚釣りの醍醐味だと言っても過言ではないだろう。

深海魚を探すには

深海魚の探し方も、基本的には陸地と同じだ。しかし、海は川などとは比べようもないほど広い。深海ともなると、そのほとんどが砂漠のように生き物の少ない世界だ。その中にも、地形の変化や海流などの関係で、魚が集まる場所がある。そこへ釣り糸を落とせば、エサが少ない世界なので、魚は比較的かかりやすい。

では、その場所をどうやって探すか。僕がまず見るのは地形図だ。川と同様、広くて平らなところに魚はいない。前述したように、人が体育館の中央では待ち合わせをしないのと同じ理屈だ。

とにかく、何かしら周囲と変化がある場所。たとえば、平らな海底にポツンとある岩場はベストだ。淡水で言うところの流れ込みに相当する。沈没船などはさらによい例だ。海底に数百メートル級の岩などそうそうない。おまけに入りやすい船室もたくさんある。

さらに、これは海洋環境の研究者から聞いた話だが、深海というのは貧栄養世界で、体をつくるための栄養素も十分ではないそうだ。そこへ船のような鉄の塊が落ちてくると、その鉄が栄養素となり生態系ができるという。

では、シーラカンスはどうか。前章でも触れたが、僕は自分の会社の定款の業務内容一行目に「シーラカンスの新生息地を発見し、釣り上げる」と書いている。

シーラカンスは現在、主に世界で二地域、アフリカのコモロ諸島とインドネシアのスラウェシ島北部の海域で生息が確認されている（目撃例、捕獲例は周辺地域にもあるが、弱った個体が流れ着いただけの可能性があるため、ここでは水中カメラによって、同じ場所で複数回確認されている場所を、「生息地」とする）。シーラカンスは、ワシントン条約附属書Iリストに登録されており、国際取引を厳しく規制されている。そのため、この海域でシーラカンスを釣るためには、調査許可や捕獲許可が必要だ。それを僕個人が得ることは現実的にあり得ない。そもそも、すでにわかっている生息地で、国際的な保護動物であるシーラカンスを釣ることには何の意義も見いだせない。

しかし、「新たな生息地を発見する」となれば、そこには純然たる冒険が生まれる。生息しているかどうかわからない場所で釣りをすることまで、法で禁止することはできないはずだと、僕は解釈している。海はつながっているので、もしかすると東京湾でシーラカンスが釣れることだってあるかもしれない。ただし、東京湾でシーラカンスを釣ろうとすれば多くの釣り人からは笑われるだろう。極論だが、シーラカンスを釣るとは、つまるところそういうことだ。

今はあり得ないとされていることでも、たった一匹釣れてしまえば、それ以降は、話ががらりと変わってくる。西湖のクニマスがいい例だ。以前から「西湖で黒いマスが釣れる」という話は、釣り人の間ではあった。しかしそれが、「クニマス」だと判明した途端、すぐに社会は「観光資源として……」「保全のために……」と動き出したのだ。

話を戻す。ならば、シーラカンスは具体的にどう探すか。この魚についてすでにわかっていることは、水深二〇〇メートル前後の海域に生息し、昼間は洞窟の中にいて、夜になるとエサを食べに出てくるということだ。

海底の洞窟というのは、火山の影響で新しくできたり崩れたりする。実際、シーラカンスが発見されたアフリカのコモロ諸島も火山の噴火でできた島であり、スラウェシ島は環太平洋火山帯上に位置している。

だから、シーラカンスが火山地形でできた洞窟エリアに棲んでいるという推測は、大筋で間違っていないと思う。また、現在シーラカンスが生息する洞窟があるのは、比較的新しい（とは言っても、ここ数年に、という話ではないが）火山性の島々であるはずだ。そのような場所がどこにあるかを知るためには何も特別な情報は必要ない。「温泉がある」とでもひと言ガイドブックにあれば、そこは火山性の島ということなのだ。

英語が通じて、日本からも行きやすく、治安が安定していて、釣りをしやすい環境があり、なおかつシーラカンスの生息条件に合うエリア。これが最もパフォーマンスを発揮できる候補地となる。となると、日常的に目にする、ありふれた情報を積み重ねてゆくことで、おのずと候補地が絞られる。

徹底したシミュレーションが自信を生む

ここ数年、日本の釣り雑誌で連載をしていたこともあって、日本の近海で深海魚釣りをする機会に恵まれた。これは自分の中で、深海というものを遠い世界だと感じないための下地づくりでもあった。

僕はよく無茶をしているように思われるのだが、本当は臆病で慎重な人間だ。高校三年で、初めて怪魚釣りという目標を立てたとき、「そんなことは自分にはできないのではないか」という怯えがあった。だからこそ、初めての怪魚釣りで、東南アジアに行ったときは、事前に大学の仲間と無人島で一週間のサバイバル生活を試みた。

また、旅の途中で金を盗られたり使い果たしたりしても、自力で空港まで行けるように、自分が一日にどれだけの距離を歩けるのか検証したこともある。二五キロの荷物を背負って、新潟から富山の実家まで歩いた結果、空港から三〇〇キロメートル以内の場所であれば、一週間でたどり着けることがわかった。こうして、自分の行動によって、不安を一つひとつ解消していき、今では淡水に魚がいたら、どこへでも出かけて釣ることができると思えるまでになったのである。

第三章　怪魚を釣る

怪魚は誰にでも釣れる

世界には約三万種類の魚がいるといわれているが、同じ種であってもその行動は季節によって異なる。産卵期とそうでない時期とで、食べ物がガラッと変わる種類もいる。夏に水草を食べている魚が、冬にはカニしか食べなくなったりする。そして、そんな変化の数だけ、釣り方もさまざまだ。

大物釣りというと難しいイメージをもつ人もいるかもしれない。しかし、怪魚釣りは言ってみれば「大味」だ。巨大な魚は常にエサを食べていないと体を維持できないので、エサとなるものが目の前に来たら、とりあえずなんでも食う。そのため、魚のいるところにエサを落とすことができれば釣れる。表向きのインパクトは強烈らしいが、釣りそのものは特にすごいことをやっているわけではないというのが、怪魚釣りの面白いところだ。怪魚について本を出したりすると、スゴ腕の釣り人だと勘違いされることがある。「得しているな」と感じる一方で、それとは別の気恥ずかしさもある。

よく「どうしたら怪魚を釣れますか」と聞かれるのだが、極論的に答えるなら、「二週間以上の休みをとれる会社に勤めましょう」ということになる。でなければ、「学生時代に行っておきましょう」という答えとなる。これは相手によって変わるので即答し難い問いなのだ。どこまで本気かによって、返答は大きく変わってくる。「年に何回も海外に行けていいね。こっちは仕事と家庭があるんだ」なんて皮肉を言われることもあるが、そういう人には「退社して離婚すればいいのでは？」と答えるしかない。

どういう竿を選んだらよいとかテクニックがどうであるという話以前に、そもそも海外まで釣りに行ける時間がとれなければ、怪魚は釣れない。逆に、時間さえあって、釣り続ければ、どんな魚でも釣れるということだ。怪魚釣りにおける要諦中の要諦は、ライフスタイルの選択ということになるだろう。優先順位を怪魚釣りに置くという選択の結果、二〇一七年一月現在、三一歳の僕は、「自営業で独身」という生活を送っている。

釣り道具選びの基本

釣り方はルアーをひたすら投げ込むか、糸にエサをつけた仕掛けを水中に投じて待つ「ぶっこみ釣り」かのどちらかだ。一般的に、ルアーフィッシングには「エサで釣るよりも難しい」というイメージがあると思う。エサで釣れば比較的簡単に釣れるであろう魚を、あえてルアーという疑似餌《ぎじえ》を使って釣るところに楽しみや満足感がある。

しかし、怪魚釣りの場合は、「簡単な魚」はルアーで釣る。たとえば、ドラドというアマゾンに生息するピラニアの親戚やモンゴルのタイメンのように獰猛な淡水肉食魚は、エサでもルアーでも、なんでも食ってしまう。こういう魚は、ルアーフィッシングから入ったほうが効率がいいのだ。

ルアーのほうが、エサを毎回用意しなくてよいし、旅の荷物も少なくて済む。余談になるが、旅を始めた頃は、荷物もずいぶん多かった。それを少しずつ減らしていき、今はかなり厳選して持って行く。

釣りの道具は、小は大を兼ねる。ことわざの「大は小を兼ねる」の逆だ。小さな魚は大きな針では釣れないが、大きな魚は小さな針でも釣ることができるからだ。できるだけ汎用性の高いものを持って行き、足りない道具は、現地で手に入る材料でつくることもある。ルアーも魚に合わせて、現地で強化したり、加工したりする。

二メートル級になる巨大魚でも、ピラルクーのように空気呼吸をしていて、呼吸の音で「あそこにいる」というのがわかる種類は、ルアーを投じて釣ることができる。

一方でエサ釣りは、ルアーでは釣りづらい魚相手に行う次の一手である（こと怪魚釣りに関して言えば、という話だが）。魚がどこにいるかわからないとき、あるいは居場所はわかっているが数が少ないとき、もしくは魚の性質が気難しかったり、特定の食べ物しか食べなかったりといったときに、エサ釣りが効果を発揮する。たとえば、ナマズのように水底で比較的じっとしている魚や、アオウオのように主に貝を好み、数も少ないうえに、どこにいるかわからないような魚に対し、ルアーを投げ続けるのは現実的ではない。こういう魚を相手にする場合は、「ぶっこみ釣り」で、仕掛けを投じてあとはひたすら待つに限る。

ぶっこみ釣りでは、常食している一番食いつきやすいエサを投じるのが基本だが、面白いことに、普段は食べていないものでも、カロリーが高いものは食いつきやすいという傾向がある。コイが、投げ込まれたパンに勢いよく群がるのは、あれほどの糖質の塊が水中に流れてくることは、滅多にないからだと思う。賢いといわれるソウギョでも、目の前にパンが投げ込まれれば食いついてしまう。

また、汚い話で恐縮だが、海外の遠征先で、川に入って排便をしていると、あっという間に小魚たちが寄ってきて、食べていくことがある。僕の大便にもまだまだ栄養素があるのだなと思いながら、魚たちの動きを観察している。

大きな魚ほど個人主義者？

魚を見ていると、それぞれに個性があると感じる。好奇心が強いもの、そうでないもの、じっとしているのが好きなもの、活発に泳ぎ回っているもの、種類によって傾向があるのはもちろんだが、同じ種であっても一匹一匹に違いはある。僕の経験に基づく印象だと、群れていない魚は個体差が大きいように思う。

単独行動する魚は、警戒心も強い。釣る際の戦略はケース・バイ・ケースだ。逆に群れでいる魚は、あまり個性が突出していない。だから、釣るときも「だいたいこうしたら食いつくだろう」という予想がある程度つくが、好みのストライクゾーンは狭く、食いつくエサを選ぶ傾向にある気がする。

目の前に落ちてきたエサを選り好みせず、とにかく貪欲なのは、一匹オオカミ的な単独行動を基本とする魚たちだ。それも、完全に一匹でいるより、近くにほかの魚がもう一匹いるほうが釣りやすい。エサを奪い合いにくるので、「バカ」になるのだろう。たとえていうなら、一人でショッピングしているとあまり余計なものを買わないのに、二人で一緒に行くとつい財布のヒモがゆるんでしまうような感じだろうか。

また、大きな魚は、小さな魚が普通に泳いでいても襲いかかったりしないのに、その小さな魚が針にかかり、パニックになったような動きをすると、突然、食らいついてくることがある。おそらく、元気に泳ぐ魚を襲っても、ミスをする可能性が高いが、パニックを起こしている魚は食べやすいので、スイッチが入るのではないか。

「いいルアー」の条件

北欧の漁師ラウリ・ラパラ氏は、群れで泳いでいる小魚の動きを模してルアーをつくったが全然釣れず、群れから離れて独りぼっちになっている魚や、少し弱っている魚を真似てあえてバランスを崩すようにつくってみたところ、とても釣れるようになったそうだ。現在では、世界的ルアーメーカーに成長したラパラ社だが、途上国では「ルアー」のことを「ラパラ」と呼ぶ国もある。自分も、迷ったら、ラパラのルアーを投げるくらいに信頼を置いているメーカーだ。しかし、僕がラパラを選ぶ理由は、あくまで動きに安定感があるためであり、比較的安く、世界中どこでも手に入るので使い勝手がいいというのが大きい。「意図的に実際の小魚からハズした動きにした」というのは、ラパラ氏の主観であって、僕には判断できないのだ。

また、「釣れるルアー」というのは、「いいルアー」の必要条件であって、十分条件とはまた違うのだ。むしろ「売れているルアー」が、「釣れるといわれるルアー」ということになる。魚から見てどうかはもちろんだが、使用感や価格を含めた使い勝手のよさがなければ、「いいルアー」とは呼べない。

このように、ルアーには、ここでは語り尽くせないほどに深い世界があるのだが、動きがどうかということより、狙う魚のテリトリーにちゃんと送り込めているかということのほうが重要だろう。

熟練者がいかに上手くルアーを動かしていても、隣の初心者の、時にまったく動いていないルアーに大物が食いついたりすることがある。そのような場面に居合わせると、自然とは千変万化の大きな存在であるのだと改めて思い知らされる。人間のちっぽけさに気づかされて、諦めにも似た清々しい気持ちになってくるのだ。

釣った人が、いくら「このルアーだから釣れた」「この動きだから食いついた」と言ったところで、ルアーが実際のエサのように見えたかどうか、動きの上手い下手は魚が決めることだろう。ルアーの動きや色という細かい話は枝葉にすぎない。その前にまず、幹のほうを見るべきではないかと思うのである。

こと、怪魚釣りにおいては、洗練された道具や技術は必要ない。釣り方の選択肢が多い、おおらかな世界であるところが楽しい。一例を挙げると、淡水肉食魚に使うルアーは、比較的、色に制約がない。むしろ、人間にとって見た目が派手で、どこに飛んでいったかわかりやすい色のほうが、ジャングルの中で周りの障害物に引っかけにくい。

一方、海の魚を釣る場合のルアーは、彼らが食べている魚の色に近づけることに主眼を置く。ルアーをつくっている人に聞いた話によると、マグロのルアーは、エサであるイワシに似て、背が青くおなかが白くないと売れないそうだ。

マグロ釣りでは、一日中船を走らせ、マグロが小魚を追って水面が沸き立つ一瞬を狙う。いわばモグラ叩きならぬ「マグロ叩き」であり、チャンスは一日数投ということも珍しくない。そのため、実際のところは多少、小魚と色が変わってもマグロは食いついてくれるそうなのだが、消費者心理として、より一撃必殺と思われる、実際の小魚にそっくりな確実性の高い色のルアーを選んでしまうのだろう。

また、怪魚釣りではプロペラのついたルアーが多用されるが、海の魚には使われない。先述の理由で魚の形からかけ離れたものは好まれないのだろう。広い海原のどこで起こるかわからないマグロ叩きを例に考えても、海釣りのルアーに求められているのは、遠くに飛ばすための空気抵抗を極力減らした形状だ。淡水魚である怪魚の釣りが、「何をつけ加えるか」というプラス理論であるとすれば、海釣りは「何を排除するか」というマイナス理論で考えることが多いようだ。

エサのサイズでもそうだ。前述したように怪魚たちは、目の前にあるものであれば、サイズを問わず、比較的なんでも食ってしまう。一方、大きな魚でも、ブリなどの群れている海の魚は、エサに対してシビアなことが多い。そのため、一〇センチメートルの魚たちをエサとする魚を狙うのであれば、ルアーもやはり一〇センチメートルのものを使うのが最も効果的だと考えられる。

これが、小型魚相手となると、数センチメートルというサイズに合わせ、道具や技術を最適化していく必要がある。さらに賢いといわれる魚に対しては、道具をより洗練させていかなければならない。

たとえばマダイには、こんな釣り方がある。水深六〇メートルくらいのところにエサを落とす必要がある場合でも、錘《おもり》がついていると、エサとなるエビが不自然な動きをして食いつかないことがあるそうだ。そこで、針にエサのエビをつけた糸を、錘なしで六〇メートルの深さに落とすこともある。シンプルを極めた、禅の境地のような釣りだ。

巨大魚ばかり狙っていた頃は、こうした釣りの面白みがあまり理解できなかったが、最近は、突き詰めた釣りの世界も楽しいと思えるようになった。

二〇キログラムの怪魚・タイメンとの格闘

怪魚釣りの「おおらかさ」には、淡水という環境の多様性も関係していると思う。海の色は基本的に青だが、淡水の場合は紅茶のような色の水から白濁した水までいろいろある。また、約三万種の魚類のうちおよそ一万種が、地球上の水域のうちでごくわずかな淡水域に生息している。大きくなる肉食魚は、目の前を通るさまざまな魚を食べて成長してゆくことになるだろう。こうした環境が、釣りの幅も広げていくのだ。

だからこそ、毎回、釣りの初心者が感じるような新鮮な驚きを体験することができた。

ただ、その分、「こうすれば釣れる」というルールもなく、その時々の状況に合わせた試行錯誤が必要だった。

旅を始めたばかりの頃は、勢いだけで行動していたので、今思えば、無謀なこともあった。二〇〇六年、五回目の旅でモンゴルへ行き、約二〇キログラムのタイメンを釣ったときもそうだ。

当時、アルバイトで稼いだ金はすべて旅代（交通費、アウトドア装備、滞在費など、とにかく現地に行き、生きて帰ってくるための費用）に使ってしまい、新しい釣り具を買う金はほとんどなかった。そもそも、当時の僕は、目的の魚を釣るためにどんな道具を使えばよいのか、ということすらわかっていなかったのだ。それまでに、釣り竿で釣った一番大きな魚は一一キログラムのパプアンバスで、二〇キログラムのタイメンがかかったときに何が起きるかなど、予想もつかなかった。

そこで、とりあえず持って行ったのが、ブラックバス釣り用の竿だ。ブラックバスは、

川に飛び込んで引き上げたタイメン

一般的に「大物」と呼ばれ始めるサイズのものので一キログラム程度、どんなに重くても世界記録で一〇キログラムだ。当然ながら、怪魚を釣り上げるためにつくられた竿ではないのだが、ルアーで投げやすい道具はそれしか持っていなかった。

ところが、かかったタイメンはあまりにも大きかった。しかも、川の流れは放水口のように激しく、岩がゴツゴツしていた。ブラックバス釣り用の竿ではどうやっても引き寄せられる気がしない。糸が岩にすれて切れてしまうのも時間の問題だ。それならばと、とっさの判断で川の中に飛び込んだ。

昼間の気温は二〇度ほどだったが、夜にな

れば氷点下まで冷え込むような季節だ。ちょうど初雪も降った。時刻は夕暮れどき、川から上がると、冷たい外気にさらされた全身から、モウモウと湯気が立った。

当時の僕は、まだ経験が浅く、川に飛び込んだらその後にどうなるかなんて考える余裕がなかったのだ。しかし、それが無性に楽しかった。世界中でさまざまな魚を釣り、経験を積んだ今になってみると、あの頃の新鮮な日々が少し懐かしい。

世界最大の有鱗淡水魚・ピラルクー

今まで釣った魚の中でも、特に釣り上げるのに苦労したのがピラルクーだ。英名ではアラパイマと呼ばれ、南米のアマゾン川水系に広く分布する。世界最大の有鱗淡水魚といわれ、釣り団体インターナショナル・ゲーム・フィッシング・アソシエーションには、三メートルを超える個体が記録されている。ちなみに現世界記録保持者は、前述のチェコ人、ヤコブ・ワーグナーで三〇七センチメートルだ。

前述したように、ピラルクーは空気呼吸をするため、どこにいるか見つけやすい。僕が行った時期は乾季で、湖は縮小し、水深が二メートル以上ありそうな深場は五〇メートルのプールほどの面積しかなかった。そこに、かなり大きなピラルクーが二匹いることがわかった。

　湖から川につながる場所は浅瀬になっているので、大きなピラルクーは通れない。つまり、その湖に残留し続けることは確実だった。そこで、まずは湖に張り付いてピラルクーの一日の行動を観察することにした。すると、どういうタイミングでエサを捕るのか、どの場所に浮かんでくるのかがわかってきた。

　ピラルクーの動きを予想すること自体はさほど難しくないのだが、同じ湖にいるピラニアの存在が厄介だった。これは『オーパ！』の著者である開高健も苦労していたことなのだが、ピラルクーを釣ろうとして糸を垂らすと、ピラニアがかかってきてしまうのだ。埒《らち》が明かないので、ルアーフィッシングで通常使用する三本針をピラニアが食いつけないほど大きな一本針に替えることにした。

　大物釣りの針は重くならざるを得ないのだが、重すぎるとルアーが動かなくなってしまうというジレンマがある。そこで、一本針に替えることで、針自体を軽くし、水抵抗を減らすことでルアーを動かしやすくしようと考えたわけだ。

また、ピラルクーの顎は分厚くてとても硬い。三本針では針先にかかる力が分散してしまうため、一つの針先に力を集中できる一本針のほうが貫通力は高まるのだ。

この判断は功を奏し、ようやくピラルクーを食いつかせることに成功した。しかし、予想外だったのは、ピラルクーの力だ。かかったピラルクーの激しい抵抗によってルアーはあっけなく壊され、逃げられてしまった。以後、強度を上げる改造を施すことにした。

そんな試行錯誤を繰り返して一週間、僕はピラニアの活動が穏やかになる時間帯と、畳一畳分ほどのスポットがあることに気づいた。しかし、「さあ、いよいよ最終段階だ」というところで、今度は同行していたカウボーイがほかの仕事で現場を離れなければならなくなった。彼の助けなしで釣りを続けることはできない。タイムリミットまでは、あとわずかだ。より確実にピラルクーを釣り上げるために、エサ釣りに切り替えることにした。

エサとして試したのは、アロワナ、ピーコックバス、タライラ（ライギョに似た魚）の三種の魚で、体長は三〇～五〇センチメートルほど。ピラニアを使おうかとも思ったが、エサとするにはサイズが小さく、あまりおいしそうには見えなかったのでやめた。

実は地元の漁師から「エサにするならタライラが一番いい」という話は聞いていたのだ

が、実際に試してみると、確かにタライラだけはピラニアにあまり食われない。タライラ自身が普段、ピラニアを襲って食べているためだろうか。結局、二メートルを超えるピラルクーを釣り上げたのもこのエサだった。

満身創痍で釣り上げたムベンガ

アマゾンで釣るピラルクーの難しさをエベレスト級とすると、前章で触れたコンゴ川のムベンガは世界で最も登ることが難しいとされるK2級の怪魚だった。ポイントを探すまでに都合一カ月以上かかったが、釣ること自体も本当に大変だった。

ムベンガのようにどこにいるかわからない魚は、前述したとおり、針にエサをつけた仕掛けを水中に沈めて待つ、ぶっこみ釣りで釣るのが通常のやり方だ。だが、ムベンガが生息している場所は激流であるため、投じた仕掛けはあっという間に岩にかかってしまう。アフリカは釣り具店がなく、道具の買い足しができない。やむなく、エサを川底につけない、浮子《うき》釣りに切り替えたが、今度はまた別の問題が発生した。流れが速すぎるため、仕掛けのバランスが悪いと糸がすぐ絡まったり、ゴミが引っかかったりしてしまうのだ。

そこで、激流の中でも比較的弱りにくい三〇~四〇センチメートルの大きなナマズを優先的に使うことにした。

ムベンガの場合は、仕掛けを流れの中に安定させて留めることが最も重要だ。小さな魚では流れに負けて水中で回転し、糸ヨレを発生させてしまう。そのため、針を背負ってなお、自ら泳いでくれる、より大きく、より元気なナマズが必要だった。また、これはムベンガに限った話ではないが、肉食魚の場合は、死んだ魚よりも生きた魚にかかりやすい。もちろん、死んだ魚は逃げないので食いつきやすいし、腐った肉のほうが臭いによって魚に発見されやすいという場合もある。しかし、魚に気づかせるために最も重要なのは、やはり音や動きだと思う。

魚は側線《そくせん》という感覚器官によって音を振動として感知しているといわれている。実際、釣りをしていると、魚は人間が思っている以上に、ごく小さな音でも感知しているのだと実感することが多々ある。ムベンガが属する骨鰾《こっぴょう》類は、加えて電波や振動を感知するウェーバー器官を持っており、生きた魚が発する振動のようなものには特に敏感だ。

実際、エサとして使った生きたナマズには、何度かムベンガがかかったのだが、何度も逃げられてしまった。ナマズには飛行機の翼のような硬い胸びれがあるので、それが邪魔をして飲み込めないのかもしれない。そこで胸びれを切ってみたのだが、すると今度はナマズが流れの中でグルングルンと風車のように回ってしまい、糸がぐるぐる巻きになってしまった。それならば錘をつければよいのかといえば、それはそれで別の問題が発生し、試行錯誤を繰り返した。

最終的に、三本針を四本、ナマズの体の左右につけ、水流の中でバランスをとれるようにした。これだけの本数の針をつけたのには、もうひとつ理由がある。

実は、ピラルクーのときの経験から、最初は一本針を使い、貫通力を高めて、針をかけようと考えていた。ただ、ピラルクーとムベンガでは口の形が違う。

ピラルクーの場合は、コイなどと同様に、バケツのような口をしているので、口を閉じたときに糸を引けば、口の中で針がスライドして、口腔内のどこかに引っかかる。

ところがムベンガのように鋭い牙を持つ魚は、かみ合わせた牙で糸をがっしりとくわえこんでしまい、引っ張っても糸の先についた針はスライドしない。これでは針をかけることができない。

魚は泳いでいるときには水の抵抗を避けるため、口をしっかり閉じ、歯を食いしばった状態で、さらに深場へと潜ろうとする。それをなんとか岸まで引き寄せると、それ以上、潜れなくなったムベンガは、今度は、水面に躍り上がり、口内の異物を吐き出そうとグワッと口を開ける。そして次の瞬間、針はペッと吐き出されるのだ。

しかも、アタリは一日に一~二回だけ。これが五分に一度かかるような魚であれば、その都度、いろいろな方法が試せて、どんな方法が有効かデータを蓄積できるのだが、ムベンガの場合はそうもいかない。うんざりするほど暇な時間を過ごし、ようやく「きたー!」と奮い立っても、すぐに「また明日」となるのである。これは精神的にもきつかった。

最終的には、ナマズに三本針を四本つけた計一二本の針の「ハリネズミ方式」でなんとか釣ることができたのだが、その翌日には町へ移動しなければ帰りのフライトに間に合わないというギリギリの状況だった。約二カ月の旅で、体重は一〇キロ減り、腹痛と下痢で満身創痍の末に、ようやく釣り上げることができた一匹だった。

「幻」の割にあっさり釣れたディンディ

そんなわけで、怪魚釣りでは、ピラルクーとムベンガの二匹が格別に難しかった。これらに比べると、ほかの魚は特に難しいとは感じなかったが、これまでに狙って釣った怪魚の中で特に印象深い魚を挙げるとすれば、パプアニューギニアのディンディだろう。この魚は難しいというよりも珍しいのだ。

ディンディとは現地名で、和名をノコギリエイという。頭の先にチェーンソーがついたような変わった形状をした魚で、成長すると七メートルを超えるものもいると聞く。現在ではノコギリエイ属すべてがワシントン条約で国際間の商取引を禁じられているので、世界的にも希少魚という扱いだ。

二〇〇五年の春、四種の怪魚を釣るために初めてパプアニューギニアへ行ったときに「ほかに大きな魚はいないか」と尋ねると、世話になったワニ猟師ワビルの兄が飛行機のような絵を描いて、最後にコックピットの位置からヒゲのような線を書き加えた。それがディンディだった。七メートルにも達する超巨大な成魚は河口から海にかけて棲むというが、村周辺の純淡水の河川内でも三メートルを超す大物を見たことがあるという。

また、サケのように産卵のために親が川を上ってくると言う人もいれば、親は海で卵を産み、子どもたちだけが川に上ってくるのだと言う人もおり、生態ははっきりしない。いつか釣ってみたいという気持ちはあったものの、絶滅危惧種に指定されているような魚なので、釣るのは難しいだろうとも思っていた。

その後、パプアニューギニアに通うようになって七年。四回目の訪問ともなると、主だった巨大魚は釣り尽くしてしまった。ほかに周辺で釣れる魚はいないだろうかと考えて、このディンディを狙ってみることにしたのだ。

結果からいうと、あっさり釣れてしまった。ぶっこみ釣りでは、確率が悪すぎるだろうと勝手に想像し、延縄《はえなわ》を仕掛けてみたら、それから二日目で、一三〇センチメートル前後のものが二匹もかかった。さらに、その旅の最終日には、パプアンバスを狙って投げていたルアーに偶然、体長一六〇センチメートルほどのディンディが釣れた。

七年越しの夢がかなって感激だったが、それ以降、パプアニューギニアに行ったときに、注意してみると、浅場にディンディが泳いでいるのを二、三度見かけた。思ったほど「幻の魚」ではないのかもしれない。

チェーンソーのような形状をしたディンディ

ディンディを釣り上げた経験は、一般的な認識（自分もそれを間に受けていた）と現実が時に乖離《かいり》するということを教えてくれた。湿原には石がないため、ぶっこみ釣りや延縄を試みるには重い錘を運んでくる必要がある。そのために手軽で楽しいルアー釣りに軸足を置いていたという事情もあるが、少なくとも七年もの間、ディンディを「幻の魚」にしていたのは、「狙って釣れる魚ではない」という、僕の勝手な思い込みだった。退屈なのでぶっこみ釣りは試していないが、やればそれなりに釣れるとは思う。

難しいと思っていた魚でも、釣ってみると意外にそうでもなかったということは時々ある。また、「難しい」とひと言で言っても、その難しさにはいろいろあるのだ。

第一章でも述べたアオウオは、二〇一六年初夏に二週間粘ったものの、本命らしきアタリは二回だけだった。足かけ六年、毎年のように一週間以上の時間は割いているが、いまだにその姿は拝めていない。創意工夫をしようにも、針に貝をつけた仕掛けを朝にセットし、夕方に回収するだけで、あとは時々タニシを撒き餌として撒く以外にやることがない。

工夫する要素があるとすれば、タニシをスコップで撒くときに、どのくらいの量をスコップのどこに置いて、どう投げ入れたら一番効率よく狙いのところに投げ込めるかを実験する程度だ。ただし、このような小さなことでも、実験を繰り返し、自分なりの方法を見つけるのは楽しい。「これだ」という正解が見つかるまで、毎回、違う方法を試し、より最適な方法を模索する。それを重ねていくと、最終的には「釣る」という目標にたどり着く。最近ではそのような極めてどうでもいい試行錯誤を含め、釣り上げるまでのストーリーづくりが楽しくなってきている。そんな意味で、アオウオは僕にとって「いつまでも釣れずにいてほしい存在」でもあるのだ。

傷を残さずに魚を逃がす方法

アタリはたくさんあるのに釣れないという魚もいる。ペーシュカショーロがそうだ。第一章でも述べたように、カショーロはとにかく次から次へとルアーに食いついてくる。エサであれば、あっという間に釣れるだろう。だが、ルアーは、その長い牙で簡単に穴をあけられるにもかかわらず、うち半分以上が針にかからない。そこで割れやすいプラスチック製のルアーをやめ、壊されること前提で、より牙が刺さりやすい発泡樹脂製のルアーを使ってみると釣ることができた。

釣りの難易度は、魚の口の形状によっても変わる。一番難しいと感じたのがアリゲーターガーだ。この魚は口の形が尖っていて長く、カチカチに硬い。この部分には、どうやっても針はかからない。エサのついた針を飲み込ませるしかないのだが、長い口をクリップのようにして、エサを挟んだあと、なかなかすぐには飲み込まない。ワニなどと同様、くわえた肉を少しずつ飲み込んでゆき、喉の奥に落ちるまでには時間がかかる。思うに、捕った魚が死ぬのを待っているのではないだろうか。

さらに喉の奥に刺さった針を外そうとすると、牙が鋭く、口の力も強いので、手を挟まれて大けがをしかねない。特に数メートルのサイズともなると非常に危険だ。そのため、現地アメリカでは、糸（ワイヤー）を切って逃がすという方法が一般的だ。といっても、現地のガイドいわく、「お客さんは、ほぼ外国人。地元のアメリカ人はおいしくもないこの魚を釣らない」という。数日もあれば二メートルを超える超巨大魚が釣れるので、メディアのウケは抜群だ。しかし、僕が知る限り、この「ワイヤーを切って逃がす」方法を正直に紹介したテレビ番組や雑誌はない。おそらく、印象が悪いからだろう。

針をなんとしてでも引っ張り出そうとして逆に食道を傷つけたり、陸に長時間揚げて弱らせたりするくらいなら、針がついたままで、すぐに逃がしてやるほうがむしろ魚の生存率は高まるという考え方がある。実際、それでも生き延びるだろう。以前、喉に古い錆びた針が入った魚を釣ったことがあった。

しかし、逃がすことを前提に釣るのであれば、できることなら針を残さず、記念撮影だけして、さようならしたほうが気分はよい。これにはきっと、ほぼすべての釣り人が共感してくれるはずだ。極論を言えば釣らなければいいのだが、大きな魚がいれば釣りたくなるのは、釣り人の業だろう。メディアに出て、ある意味ではそれを煽る立場である以上、なにか方法はないものか……僕はそこにこそ、クリエイティビティーがあると感じた。

そこで考えたのは、輪っかを使って口を縛り上げる方法だ。僕はこれを「縛り釣り」と呼んでいる。たとえるなら、巾着の袋の口を縛るような輪っかを細いワイヤーでつくり、そこにエサを仕掛けておくというイメージだ。アリゲーターガーがエサに食いついた瞬間、ワイヤーが引っ張られ、長い口の部分をキュッと縛って捕まえることができる。

実はこれは、子どもの頃に愛読していた『学研の図鑑　魚』（安部義孝、太田一男著、学習研究社）で紹介されていた方法だ。この本のガーの項には「ガーのなかまは、長いあごにするどい歯をもっていて、つりばりにかかりにくい。まるい輪でからだをしばってつる」と紹介されている。大人になったらガーをこの方法で釣るのだと、野望を抱いていた。

しかし、この本には水中に垂らした輪にガーが集まる漫画のような絵が載っているだけで、それ以上の情報はない。また、ガーにも複数の種類がいて、いろいろ調べてみても、こんな方法で目的である最大種のアリゲーターガーを釣ったという話は出てこない。

現地で試行錯誤が始まった。実はこれまでにもプライベートの旅で、口が棒のように長いロングノーズガーという種類の中型のガーに関してはワイヤーの輪で縛って釣った経験があった。その名のとおり鼻（クチバシ）が極端に長いこの魚の場合は、釣り針を使うより、縛ったほうが捕獲率が明らかに高かった。ただし、撮影隊とともに再訪し、いざ最大種のアリゲーターガーを相手にその方法を試みても、うまくかからなかった。クチバシが短すぎるようだ。結局、この方法が効果的なのは、ガーはガーでもロングノーズガーのみ。水中に枝などがたくさんある場所では、その枝自体を縛ってしまうということもあった。

僕は魚へのダメージをできる限り減らせるように意識しつつも、魚がかかった際にワイヤーを切る前提でアリゲーターガーを釣ることにした。そして、通常使われるカエシ付き三本針ではなく、カエシなしの一本針を使い、カメラの前で自己最高記録の二二〇センチメートルのアリゲーターガーを釣り上げることができた。カエシなしの一本針は外れやすく、魚に対するダメージも少ないだろう。撮影隊の方々は、「テキサス州記録に相当するサイズだ！」と喜んでくれたが、僕にはそこまで大きな喜びはなかった。おそらく、手続きが面倒なので申請されていないだけだろう。

ワイヤーを切って逃がすときは、やはり申し訳なさを感じた。その後、ロケを成立させなければという責任から解放された僕は、縛り釣りを進化させ、エサの周囲に輪を四つ配

自己最高記録、220センチメートルのアリゲーターガー

備する「四つ輪のクローバー釣法」で、約一八〇センチメートルの個体を縛り上げ、絶叫した。輪を緩めるだけでほぼダメージなく、一滴の血を流すこともなく逃がすことができた。魚のサイズこそ小さいが、こちらのほうが、よほどうれしかった。

知り合いの魚類学者から面白い話を聞いたことがある。その人は一本針（カエシ付き）を飲み込んでしまったギバチという小さなナマズを飼育していたのだが、そのギバチはいつの間にか飲み込んだ針を上手に吐き出したのだそうだ。不思議に思って何度か繰り返してみたところ、その後もかなり高い確率で吐き出したという。魚種や針のかかりどころにもよるだろうが、あの二二〇センチメートルのアリゲーターガーも、上手に吐き出して、それをよき教訓としてさらなる怪物に成長してくれたらうれしいな、と勝手なことを思っている。

怪魚釣りは危険か

巨大魚を釣り上げるとき、けがをする危険はないかと聞かれることがある。確かに危険がないわけではないが、それをいかに解決していくかもまた、怪魚釣りの楽しみのひとつなのだ。

ムベンガを船へ引き上げる際には、網を使った。ほとんどの怪魚の場合、「ボガグリップ」と呼ばれる専用の道具で下アゴを挟み、引き上げる。しかし大型のムベンガの場合、大き過ぎてそれがはまらないことに加え、口元に手を伸ばした際に嚙みつかれれば、大変なことになりそうな牙が並んでいた。大物が釣れたら村人と食べると先に決めていたので、当初はマグロ漁などで使うギャフという大きなかぎ針のようなものを横腹に打ち込んで引き上げようと考えていたのだが、これには多少の技術と思い切りのよさが必要だ。きっと僕は、竿を握りしめることで手一杯だろう。都合二カ月も待ちわびている千載一遇のチャンスだ。それが巡ってきた際に、素人のアフリカ人に最後のギャフ打ちを任せるのは不安だった。そこで、網のほうがやりやすいと考えたわけだ。

とはいえ、ムベンガを入れられるような網は持参していなかったので、切り倒した竹を輪っか状にし、そこに現地の漁師から買った投網を縫いつけた。海外遠征の際には、自分がどんな場所で釣りをすることになるのか現地へ行ってみるまでわからない。基本的にかさばるものは持って行けないので、その場にあるもので即製することも多いのだ。

また、頭がチェーンソーのような形状をしているディンディも、捕獲する際には大けがをする可能性があると事前に聞いていた。そこで、チェーンソーの部分にタオルを絡ませることで振り回せないようにし、尻尾をつかんで引き上げた。

アリゲーターガーも前述のとおり、口元には牙が剣山のように並んでおり、釣り上げるときに大けがをしかねない。しかも、尖った口で網を突き破られることもある。それこそカウボーイのように、太く硬い縄で輪をつくり、まず自分が足からくぐり、次に竿も糸も順番にくぐらせていって、アリゲーターガーの胴体のところまで来たら、胸びれにかけて縛るという方法で釣り上げた。

　また、アマゾンに生息するデンキウナギは、最大八〇〇ボルトの電圧を放ち、馬も殺すといわれている。実際、デンキウナギがいるところに、エサの魚をつけた糸を投げ込むと、過去に経験したことのない衝撃があった。あれはおそらく、エサを殺すための電撃だったと思う。しかし、感電はその一回限り。次なる電撃に怯えながらも夢中でリールを巻き上げているうちに、一〇秒ほどで、あっさり岸に揚げられた。その際には、感電すると気絶することもあるということで、フックを外すことすら止められた。仮に感電して倒れでもしたら、病院もないこの土地の人々に迷惑をかけてしまう。無料で居候させてもらっていて、そこまで世話をかけてしまうのはさすがに忍びない。仕方なく、糸を切って逃がすことにした。しかし、その後、別の機会にもう一度釣り上げて、自己責任でさわってみたら、そこまでしびれるということはなかった。また、アフリカではデンキナマズを釣り上げ、こちらも感電体験をしてみたことがある。漏電したコンセントに触れたような感覚で、肘まではジーンとしびれたが、命に関わるほどの放電は感じなかった。

　これらの経験から、釣りの最中に落水して命を落とすという危険はあっても、魚に殺されることはほぼないのではないかと考えている。それよりも交通事故や病気のほうが怖い。最近ではアフリカを旅していた友人が現地で交通事故に遭い、医者に付き添われて帰国したということがあった。

僕自身、マラリアには何度か感染したことがあり、入院も経験している。現地では長袖長ズボンで対策をとり、マラリアの予防薬も飲むようにしているのだが、感染力がそれほど高くないといわれた地域で、ほかの薬との飲み合わせがよくないために予防薬を飲まなかったらかかってしまったということもあった。

怪魚釣りの旅は、すべてが自己責任だ。釣り上げる際にけがをしないように工夫することは楽しみのひとつであって、仮に失敗しても、傷跡は勲章ぐらいに考えている。しかし、慣れない土地で事件に巻き込まれたり、感染症にかかったりするなど、命に関わることだけには、事前に対策を打っておくに越したことはない。とはいえ、怪魚釣りに限らず野外での遊びは、そのような危険性を内包するからこそ楽しいのだ。リスクよりチャンスを、そしてチャンスの先のカオスを求め、僕は辺境へ向かう。

第四章　深海魚釣りと世界の釣り文化

深海魚釣りにおけるクリエイティビティー

深海魚釣りには、怪魚釣りと似た自由を感じる。

エサの少ない、貧栄養環境といわれる深海においては、やはり目の前に「食えそうな何か」が接近すれば、千載一遇のチャンスと見て魚たちは襲いかかってくる。そのため、技術的な面では、怪魚同様それほど高いレベルが求められることはない。

深海ならではの問題として、軽すぎる道具は沈まないので使えず、重すぎる道具は沈んだまま上がってこないので使えないという制約がある。難しいのは、道具をそろえることだ。深海魚釣りの道具は汎用性が低く、高価だ。僕が持っている七万円する深海魚釣り用の専用竿は、素材がグラスファイバーでできており、通常のものに比べると重い。そもそも竿は固定して使うので、強度第一で軽さは必要ないのだ。つまり、深海魚釣り用の竿がほかの場面で使われる機会はまずない。糸も必然的に長さが必要になり、それだけで数万円といった価格になる。最近では、安いものも出てきてはいるが、それでも通常の釣りに比べれば割高だ。

そのため、深海魚釣りには、経済的にゆとりのある年配のファンが多いように思う。登山でいうところの「極地法」だ。

しかし、僕は最小限の道具で行う「アルパインスタイル」で、深海に挑戦したいと考えている。専用の道具ではなく自分で工夫した仕掛けを使い、それをどうやって海底へ届けるのかを考えることに、無限のクリエイティビティーを感じるのだ。

以前、BSフジの『アースウォーカー』という番組で、滝川クリステルさんを深海魚釣りに案内した際には、前述したプラス理論に基づき、思いつく限りのものを糸につけて水中に投じ、電動リールで巻き上げるという方法をとった。

つけた仕掛けはピカピカ光るもの、シャカシャカ音が出るもの、臭いの強いイカの内臓など、さまざまだ。年配の釣り人には、「うるさい仕掛けだなあ」などと言われそうだ。しかし、実際にこの仕掛けによって、釣り経験がほとんどない滝川さんでも深海魚を釣ることができた。

前章で魚に気づいてもらうには音と動きが重要だと書いた。深海の場合、最も目立つのは光で、その次が臭いだ。音は先の仕掛けのようなものを使えば出せないこともないが、たとえばマラカスのように中に空気が入っていて軽いものは水圧で潰れやすい。水深が深くなるほど、海底まで送り届けるのは難しくなるだろう。

光を使う場合も、明るければ明るいほど集魚効果は高いだろうが、そのためには仕掛けを大きくせざるを得ない。しかし、仕掛けを大きくしてしまうと、潮の流れによる抵抗で糸がより大きく流されてしまう。

マイナス理論でベニアコウを釣る

深い海底にピンポイントですとんと糸を落とすような釣りの場合、水の抵抗が少なければ少ないほどよいので、マイナス理論で臨むことになる。僕は二〇一四年のベニアコウ釣りの際に、このマイナス理論を実践した。

ベニアコウは北海道の釣り場では水深八〇〇メートル付近に生息しており、成長すると体長一メートル、体重一〇キログラムほどにもなる。これを釣るために、一般的な深海魚釣りの場合よりずいぶん細い糸を用い、自作鋳造した一キログラムのジグという鉛のルアーを結んだだけで沈め、手巻きで巻き上げるという究極にシンプルな方法を考えた。

実のところ、ベニアコウの場合は、電気リールを使った「漁」としての釣りが確立されている。釣魚としては最深で、一般的な漁法はマグロの延縄漁を小型化して垂直にしたようなものを使う。すなわち、一〇本程度の針に、三センチメートルほどの幅に切った生のスルメイカを装着し、海に沈めるのだ。

何らかのトラブルで糸が切れることも想定し、基本的には、狙う水深の二倍の糸をリールに巻く。約一五〇〇メートルの糸を巻き込む電動リールは、ランドセルほどの大きさとなり、価格はおよそ中古車一台分。設備投資だけでも相当なものだ。僕も含め、一般の釣り人にとっては、かなり敷居が高い釣りだと思う。漁師にとっても、ベニアコウは浜値で一キログラム三〇〇〇円はくだらない高級魚であるにもかかわらず、採算が合わないという。そのため捕獲量が少なく、希少とされているのは釣るのが難しいからか、もともと資源量が少ないからか、あるいは日本近海には少ないだけなのか、多くのことが謎だ。

ベニアコウという呼び名すら、あくまで釣り人による呼称だ。正式な和名は二転三転しており、「コウジンメヌケ」とされることもあれば、「オオサガ」といわれることもある。もっとも、このベニアコウの例に限らず、僕らが普段口にしている魚に関しても、わかっていないことのほうが圧倒的に多い。水中とは異界であり、その中でも特に謎に包まれているのが深海なのである。むしろベニアコウは市場価値がある分、まだ注目されている魚だといえるだろう。

僕は、この魚を釣ってみたかった。しかし、高額の電動リールを用意する余裕はない。船のチャーター代だけで一日一二万円。これは釣り雑誌の記者と釣友《ちょうゆう》を誘って何とか割勘にしたが、電動リールを人数分用意するのは不可能だった。

ではどうするか？　そこで考えたのが、淡水の怪魚釣りに使っている大きめの道具に、細い糸を長く巻くという方法だった。ここで活躍したのが、いつも二メートルの魚を狙うために使っているリールだ。このリールには、通常、二ミリメートル径の糸を三〇〇メートル分巻いている。しかし、糸を一ミリメートル径のものに替えれば、糸の断面積は四分の一となり、同じリールに四倍の長さ、つまり一二〇〇メートルの糸を巻き込める。これなら海底まで届くというわけだ。

糸が細くなる分、強度は落ちるものの、一メートルのベニアコウなら耐えられそうだと推測できた。岩陰などに潜む魚を狙う淡水での怪魚釣りと違い、深海の場合は、海底に到達するまで障害物がないので、細い糸が擦れるリスクも少ない。

ベニアコウは根魚と呼ばれる、あまり動き回らないタイプの魚だと考えられる。そのため、釣り上げるためには、よいポイントを知っている船長の協力が必須となるが、糸を海底に到達させることさえできれば、釣ること自体はそれほど難しくないだろうと考えた。

これらの試行錯誤の結果、リールは大きめのコーヒーカップ程度のものにコンパクト化することができ、装備的な追加コストも数万円程度に抑えることに成功した。

そして、深海魚初心者の釣友が、水深六〇〇メートルのところで、七〇センチメートルほどのベニアコウを釣り上げた！

片や僕のほうは、ベニアコウこそ釣れなかったものの、深海六四〇メートル地点でキンキと呼ばれる高級魚を釣り上げた。完全に自作のルアーだけでエサをつけずにこの魚を釣ることができたのは、とてもうれしかった。

自作のルアーを使い、水深六〇〇メートル以上の地点で手巻きで釣りをしている人は、日本中探してもおそらくかなり限られるだろうと思う。だから何だと言われそうだが、前例がないことに挑戦してみたいと思うのは男の性《さが》なのだ。

深海に垂らした糸を自力で巻き上げるというのは、相当な体力を消耗する。巻き上げ時には魚の重さに加えて糸には水深分の抵抗がかかり、およそ三〇分間ひたすらその重みに耐えなければならない。僕はこの巻き上げる過程を「右腕マラソン」と呼んでいる。魚が上がる頃には息も上がっており、冬でも汗が額に滲む。

しかし、手巻きには手巻きのメリットもある。実際、同行した釣り雑誌記者が全長二メートルを超えるニュウドウイカを釣り上げた際にも、結果として手巻きが功を奏した。というのも、電動リールの場合は巻き上げるスピードが速いため、柔らかいイカの体がちぎれてしまうのだ。

やはり深海魚釣りにおいても、金がないというのはクリエイティビティーの源なのである。

メカジキを「輪」で捕る

二〇一五年の夏には与那国島で、深海カジキのメカジキ釣りに挑戦した。メカジキはカジキの中でも最大級で、鋭い剣のように長く伸びた上顎が特徴的だ。一般には、漁で捕る魚で、漁を専業としていない遊漁の釣り人が狙って釣るような魚ではない。ただ、過去には釣り人が深海五〇〇メートルまでエサを沈め、かつ手巻きのスタイルで見事に釣り上げたこともあるそうだ。二番煎じは面白くない。であれば僕は釣り針を使わずに、漁師が使う「輪」を糸に結び、竿を使ってこれを手巻きで上げるという方法にチャレンジしようと考えた。

与那国島にはメカジキを輪で捕る漁がある。直径五〇センチメートルほどのサーカスリングのような輪を長さ五〇〇メートルほどの縄に付け、これを一〇本ほど海に落とす。輪にはライトが付いており、メカジキが光にひかれてやってくる。そして輪をイカか何かだと思うのだろうか、長い上顎でツンツンと突き、漁師いわく「遊んで」いるうちに、上顎の先端が輪に入る。すると体の構造上、バックができないメカジキは、そのまま直進し、輪がひれに引っかかって抜けなくなる。海面では縄につけたブイが動くので、あとはウィンチで巻き上げればいい。

メカジキは口が柔らかい。針で釣る場合は極端に太いカジキ用の釣り針（線径五ミリメートルほど）を使い、口が裂けないよう配慮するのだが、とはいえ超大物にもなると、自身の泳ぐ力で口の骨を引きちぎってしまう。そのため、このように輪を使う漁法が生まれたのだろう。

僕の試みは、この「漁」を竿とリールによる「釣り」に応用するというものだった。通常、漁の際には、太いカジキ用の糸を輪にしたものを一〇本ほど束ねるが、僕の場合は手巻きなので、半分の五重にしたものを自作した。

このときに辛かったのは、釣れるかどうかもわからない釣りのために、一日当たり六万円もする船のチャーター代を釣れる日まで出し続けなければならないことだった。このような場合、できるだけ早く成果を上げるためにする第一の工夫は、大人数で行くことだ。この点が、怪魚釣りと違う。

第二章でも書いたように、淡水魚の場合は魚がいる場所というのがだいたい推測できる。川の中で最も大きなストラクチャーである岩の周りや、倒木の下などにいることが多いだろう。そうなると、複数人で行った場合に最も釣る確率が高いのは、魚のいる場所に最初に投げた者となる。複数人で行っても、限られた時間と釣り場の中で誰が先に投げるかを遠慮し合わなければ楽しめない。

一方、深海魚釣りでは、魚がどこにいるかは見えない。そこで、いるだろうと思われる

魚の切り身をエサに釣り上げたメカジキ

あたりに、複数人で糸を垂らせば、魚にとっては上から次々にご馳走が落ちてくるような状況となり、相乗効果が生まれる。

　それに引き寄せられ、周りから魚たちが集まってくると、大物も「何だかにぎやかだな」と様子を見にくる。そのため、深海魚釣りのように船で海に出る釣りは、複数人で一緒に行ったほうが効率がよいというわけだ。

　メカジキのときは、幸い二日目で釣れた。輪と並行し、保険として魚の切り身を釣り針にかけて落としていたのだが、その仕掛けにメカジキがかかったのだ。最初は、前に釣ったことのある別の魚かと思ったのだが、やや沖合の海面に、剣のように長い上顎が突き上がるのが見えたとき、絶叫した。車のワイパーが左右に揺れているような不思議な光景だった。

目当てのメカジキが釣れ、最低目標はクリア。輪による捕獲も、もう少し試してみたかったが、船をチャーターする費用もバカにならないため、それはまたの機会の課題とすることにした。

驚くべき現地釣法

世界を旅していると、各地でさまざまな釣り文化があることを知る。かなり変わったものだと、アメリカにヌードリングというナマズの捕獲方法がある。フラットヘッドキャットフィッシュという扁平頭のナマズが対象魚で、最大で二メートルに達するという。この北米大陸最大のナマズは産卵期に巣をつくり、そこに侵入してきた生物を襲う習性がある。ヌードリングは、ナマズのそんな習性を利用し、穴に自らの手を突っ込んで食いついてきたところを釣り上げるというものだ。

もともとはネイティブアメリカンがやっていたという話を聞いた。食料調達のためのナマズ漁を目的としたものなのか、バンジージャンプのように勇者を決めるためのものだったのか、あるいはその両方か、詳細はわからない。今ではトーナメントも開催されており、身体にタトゥーを入れたワイルドな人たちが参加するお祭りとなっている。

このトーナメントには僕も参加してみたことがあるのだが、ナマズがいる場所を知っているローカルの人に有利な闘いという印象を受けた。勝つこと自体に、それほどクリエイティビティーを感じることはなかったが、一匹の魚と真っ向から対峙するという点では、これほどフェアな釣りはないだろう。

魚釣りは通常、上から見下ろしてやるものだ。しかし、ヌードリングでは、自分が水の中に入り、魚たちの土俵で行う。食いつかれた腕は皮膚が破れて血が出ることもある。人間側も安全ではいられない。ナマズがいそうな穴に手を突っ込んだら、そこにワニやカミツキガメや毒ヘビがいるという危険もある。あるいは水中に潜って格闘している間に、酸欠になったり、湖底の釣り糸などに絡まったりして溺れるリスクもある。僕が参加した前年には、全米で六人が溺死、一人が毒ヘビで亡くなったという。

また、タイにある観光用の釣り堀では、特効配合エサにシンナーのような揮発性の溶剤を入れていて驚いたことがあった。エサの臭いをより拡散するための現地釣法だそうだ。

さらに同じくタイでの話だが、現地でシャドー、英名でジャイアントスネークヘッドというライギョを釣る方法として、「ベビーボム（稚魚爆弾）釣法」というものがある。このライギョは稚魚を守る習性があり、稚魚の群れめがけてルアーを入れると、親魚が攻撃してくる。これを利用して親魚を釣るというものだ。同じ漁法がマレーシアにもあり、ここでは「魚華」と呼ばれていた。東南アジアではスタンダードの釣り方のようだが、子どもを守っている時期の親魚を殺してしまう可能性もあるので、日本ではこうした釣りはよくないとされている。

ほかには、花や果物で釣る方法もあった。日本在来の淡水魚には、ミミズで釣れないものは、ほぼいないと思うが、海外には完全なベジタリアンもいる。そんな魚を釣るために、バナナやビワをエサにするのだ。

以前、シーラカンスのことを調べているときに知った、海外の深海魚釣りも面白い。それは、コモロ諸島で行われている漁法で、深いところにエサを沈めるために、糸でぐるぐる巻きにした石を海に投じるそうだ。すると、石は水中を沈んでいく間、ヨーヨーのようにくるくると糸がほどけていって、巻かれた糸が尽きるとポロリと落ちる。

　僕らが深海魚釣りをするときは、一キログラムの錘をつけて沈めたら、今度は、それを何百メートルも巻き上げなければならない。体力勝負の作業となる。

　錘がないと、エサをつけた針が浮いてきてしまうということもあるかもしれないが、少なくともこの方法では、簡単に巻き上げられるだろう。コモロ諸島ではこの方法で、シーラカンスがかかったことがあるという。

釣りをステイタスとする文化

　釣りの手段が多様に存在するのと同様に、釣りという行為そのものに対する価値観も国や地域によって異なる。たとえばインドにおける釣りは、イギリス人のレジャーか、貧しい人々の行うものというイメージが強く、ノウハウの蓄積も乏しい。

　一方でブラックバス釣りの本国アメリカでは、「岸辺からの釣りは、貧乏人が生活のためにするもの」という考えがあると聞く。川や湖が概して大きいため、岸辺では浅くて釣れないということもあるのかもしれないが、バス釣りは主に生活にゆとりのある人々がボートで行うレジャーという位置づけだそうだ。

同じバス釣りでも、日本の場合は岸から釣れる。岸から釣ることを「おかっぱり」というい、ボートで釣るより難しいものとして一種のステイタスに感じている人もいるくらいだ。

世界的に見れば、釣りをレジャーとしている地域はまだ少ない。ひと昔前のモンゴルのように、多産の魚類を子孫繁栄の象徴と考え、釣りそのものをしないという国もある。かと思えば、自給自足のアマゾン奥地の人々は、日本人がスーパーに肉を買いに行くのと同じような感覚で釣りをしている。彼らは効率しか求めないので、道具にお金がかかるルアーフィッシングのような釣りはしない。

二〇〇五年に最初にパプアへ行ったときは、シカがたくさん増えて、魚など釣る必要がなかった。刺し網という魚が刺さったら抜けなくなる網を持っている人を一人だけ見かけたが、村に糸と針を売っている店はなく、人々は釣りをしようにも道具すら手に入れられないような状況だった。

二回目や三回目に行ったときには、シカが減り、魚を食べる割合が増えていた。そんな二〇〇七年の時点でも村に釣り具を売る店はなかった。どうやって捕獲していたのかはわからない。僕が世話になっているワニ猟師のワビルに感謝の気持ちで竿をあげると、村で唯一、竿を持つ男となったワビルはすっかりモテて、次に行ったときには嫁が一人増えていた。ワビルをやっかむ者も出て、村に争いの種をまいてしまった。その後、中国人が小さな商店を開き、錘と針くらいは売るようになったけれど、道具といってもその程度だ。

パプアニューギニアの別地域、海辺の漁村で、より合わせたロープをほどいて、チアリーダーが持つようなポンポン状にし、針なしでダツを釣っているのを見かけたことがある。ダツは長い剣のようなクチバシに、剣山のように細かい無数の牙を持っているので、ポンポンに食いつくと絡まってとれなくなる。アメリカでロングノーズガーを釣るとき、前述した縛り釣りのほかに、パプア式ロープ釣法を応用してみたら、上手い具合に釣ることができた。

釣り大国・日本

レジャーとしての釣りが成熟しているのは、欧米と日本くらいかもしれない。僕が知る限り、イギリスの釣り文化は古い。釣りの聖書といわれる『釣魚大全《ちょうぎょたいぜん》』（アイザック・ウォルトン著）が、ロンドンで発行されたのが一七世紀のことなので、それだけ長い歴史があるということだろう。

　イギリスのマス釣り、アメリカのバス釣りは特に有名だが、多様さという点では日本が群を抜いている。日本では江戸時代、武士文化の中から趣味としての釣りが生まれたそうだ。趣味としての釣り、と書いたが、食べることを目的としない、いわゆるキャッチ・アンド・リリースの先駆けは、おそらくタナゴ釣りだと思う。タナゴという魚は小銭ほどの大きさしかなく、腹を満たす目的なら別の魚を釣るほうがいい。仮にどうしてもタナゴを食べたいと思うのであれば、一匹ずつ釣るよりも網で一挙に捕獲したほうが効率的だろう。それにもかかわらず、タナゴの口に釣り針をかける遊びに熱中したのは、その難しさや非生産的行為を武士たちが「粋」としていたからだろう。狩猟行為の一手段に過ぎなかった釣りが、ある種の文化性を獲得したわけだ。そうなると、釣りは無限に多様化していく。

　たとえば、ひとえにアジ釣りといっても、ルアーで一匹ずつ狙うものからエサでまとめて釣るものまで、いろいろあるし、クロダイという魚に至っては、この一種だけで細かく分けるなら数十もの釣り方がある。日本ほど釣りが細分化し、それぞれの釣り方に適した専用の道具まで売られている国はないように思う。釣り方にしても、そこから生み出される道具にしても、そこには日本人が得意とする洗練と探求の心が凝縮されている。

それは釣り具店を見れば一目瞭然で、道具の豊富さで日本に敵《かな》う国は、ないだろう。アメリカの巨大な釣り具店は、キャンプ用品から狩猟道具まで取りそろえ、アウトドアレジャーの総合デパートといった規模だが、こと釣り具の商品数に限定して言えば、おそらく日本の中堅規模の釣り具店でも、それよりずっと多いだろう。

また日本メーカーの釣り用具は、品質面でも世界トップレベルだ。アメリカでは、関税のために日本の釣り具がローカルの釣り具よりはるかに高額なのだが、それでも人気は根強く、最高級品として扱われている。

もちろん、海外メーカーの製品にも安くて使い勝手のいい釣り用具は数多くあるのだが、性能面では、やはり日本のメーカーが独走していると感じる。ただ、日本製の釣り用具は、細分化しすぎており、汎用性が低いという難点もある。ルアーひとつとっても、ブラックバス用、スズキ用、メバル用、アジ用など、魚種ごとに異なる製品が売られている。それだけ細分化しても商売が成り立つということは、微妙な違いに合わせてつくられた製品を求める消費者が相当数いるということなのだろう。

実際、日本のルアーメーカーの中には、同じ魚種を狙うルアーでも、「ご当地カラー」を塗り分けて展開するところまである。商売的な意味でウリになるという事情もあるにせよ、「ここまで突き詰めるか！」と感嘆する。これほどの細分化は、海外メーカーにはあまり見られない姿勢だ。

ただ、日本の釣りは、道具もノウハウも確立していて、「こうすれば釣れる」という正解が出てしまっている分、少し窮屈に感じることがある。また、怪魚釣りでは、汎用性が高く、ある意味アバウトな海外メーカーの道具のほうが、使い勝手がよい場合が多い。

日本の釣り人には、自分が狙う魚種や釣法を一種類もしくは数種類に限定する傾向がある。地元の釣り場で、おいしい魚を季節に合わせて釣るというスタイルが一般的な日本では、当然といえば当然かもしれない。しかしなかには、これらとは一線を画したスタイルを貫く釣り人もいる。以前、日本三大怪魚の一角、北海道のイトウだけを追っている釣り人と出会ったことがある。イトウは最大のもので一五〇センチメートル程度といわれているが、その人は二メートル級のものがどこかにいると信じて釣りを続けていた。

また、利根川には、アオウオだけを狙い続けている「アオ師」と呼ばれる釣り人たちがいる。アオウオは外来魚なのだが、確実な記録として一七一センチメートルの個体が利根川で釣れており、日本に生息する最大の淡水魚と言っていいだろう。聞くところによると彼らは、日本以上に釣りの難易度が高いとされている中国の在来生息地まで遠征することもあるそうだ。

利根川沿岸には、このアオ師たちが長年をかけて開拓した釣り場がある。放っておくと雑草が生えてしまうところを、定期的に草刈りをして整備しているのだ。荒らす人が入ってこないよう見回りもしている彼らは、岸辺の守り人のような存在でもある。

余談になるが、僕が利根川で二週間、車中泊をしながらアオウオを狙っていたとき、アオ師の方々にずいぶんお世話になった。怪魚釣りは、ゼロから開拓するだけでなく、このように先達の知恵と経験に助けられることもある。アオ師の方々に気にかけてもらえるようになったのは、以前から親しくしていた釣り人のおかげだ。この釣り人はアオウオ専門というわけではないのだが、二年間、休みのたびに利根川に通い、アオウオを釣り上げたという。その間に釣り場の草刈りを手伝ったりして、アオ師たちと信頼関係を築いたそうだ。僕は、その釣り人が信用する人物だからということで、便宜を図ってもらえたのだ。

以前は、スケールの大きな海外での怪魚釣りこそが最高の釣りだと思っていたが、精緻《せいち》を極めた日本ならではの釣りの奥深さを体験し、また、国内の大物釣り師たちとの出会いもあって、今では釣り大国の日本に生まれ、本当によかったと感じている。

釣りの天才たち

前章の冒頭で、怪魚釣りに洗練された技術は必要ないと書いたが、実際、僕の釣りの技術はあまり高くない。もともと運動神経はいいほうではないし、視力は両目合わせて〇・七。釣り人として秀でたものを持って生まれてきたとはとても思えない。そんな僕でも大物を釣り上げることができるのだから、釣りというのは実に面白い。ほかのジャンルはさておき、こと怪魚釣りにおいては、生まれ持った才能や高度な技術はさほど重要ではないのだ。しかし、そうはいっても、怪魚釣りの世界にも天才的な釣り師はいる。この道の先駆者で、僕が怪魚釣りに没頭するきっかけとなった武石憲貴さんもそのひとりだ。武石さんとは出会って一〇年以上経った今でも親しくさせてもらっており、時々一緒に釣りに行かせてもらっている。

武石さんは、狙った場所へ正確にルアーを投入する技術が桁外れに優れている。それはもう完全に職人技だ。ボクシングで国体選手に選ばれたこともあるなど、先天的に運動神経が優れているのだ。また、現地人からかわいがられる才能という意味で、小柄でスリムな体形も武器だ。四〇歳を過ぎた今も、外国人からはボーイ（少年）と呼ばれている。

そして怪魚釣りの世界には、武石さんのほかにもうひとりの天才がいた。それは友人の阿部洋人（以下、ヒロト）だ。彼は本当にオールマイティな天才だった。実は、最初に「シーラカンスを釣る」と言い出したのも彼で、技術のみならず、その発想も非凡だった。「だった」と過去形なのは、二〇一一年に急性リンパ性白血病で急逝したからだ。

淡水魚釣りでは、ルアーを投げ入れる「キャスト」という技術が問われる。ヒロトはこのキャストが武石さんと同等かそれ以上に正確無比で、必ず狙ったところに落とすことができた。しかも、水面に接触したとき、バーンとぶつけるか、カエルが何かに驚いて草の根元にジョボンと落ちたように落とすのか、あるいはすっとほぼ無音で落とすのか、コントロールも自在だった。魚というのは、夏場になると岸辺の木の下に身を寄せていることが多い。そのような場所は、水面に枝が覆いかぶさっていたりするのでルアーを投げ込むことが難しい。しかしヒロトには、水面との隙間が一〇センチメートルもあれば十分だった。水切りの要領でルアーを水面に滑らせ、見事に木の下へ投げ入れて見せた。

これは僕もできないわけではないが、どうしてもルアーの形状や条件を選ぶ。その点、ヒロトは高度な技術を持っているので、できることの幅が非常に広かった。それは彼のたゆまぬ探求の結晶でもあったわけだが、やはり運動神経や動体視力といった先天的な能力の高さゆえにできる芸当だろう。また、ヒロトは魚を騙す能力にも長《た》けていた。バス釣りをしていると、警戒心の強い大物が開けた場所に出てくることが稀にある。昔から釣り人の間では、「見える魚は釣れない」と言われており、特に老成した魚は賢く、釣りづらい。しかしヒロトは、そんな用心深い魚を容易《たやす》く騙し、行動を誘導してしまうのだ。

さらにヒロトは、魚を大量に釣る技術にも秀でていた。怪魚のような大物を相手にする場合、そもそも魚がかかる確率が低いので、釣れるかどうかは腕よりも運にかかっている側面がある。しかし、個体数が多い魚を相手にする場合、それを多く釣り上げられるか否かは釣り人の腕にかかっている。普通の釣り人が一日に一〇〇匹釣る魚がいれば、ヒロトはその倍の二〇〇〇匹釣り上げることができた。

ヒロトが死んで五年、僕もその後、腕を上げたとはいえ、まだ遠く及ばない気がする。

負けず嫌いで人間臭いヤコブ

日本人の淡水巨大魚釣りでは、武石さんとヒロトが頭ひとつ抜けているが、海外ではどうか。やはり、僕が今まで出会った釣り人の中では、第一章でも触れたチェコ人のヤコブ・ワーグナーがリスペクトの対象だ。しかし、彼の魅力は、武石さんやヒロトのような「釣りの才能」から来るものとは少し違う。

ヤコブとはコンゴ川で出会って以来、友だち付き合いをしている。なかなか会えるわけではないが、二〇一六年の秋にはチェコまで行き、彼のフィールドで久しぶりに一緒に釣りをした。

武石さんやヒロトは、釣るまでに何カ月もねばるような超巨大魚を一匹狙う時間があったら、一メートル級の魚を三〇匹釣りに行きたくなってしまうようなタイプだろう。一方でヤコブは、彼の言う「フレッシュ・ウォーター・ジャイアンツ」、すなわち二メートルを超える怪物級の淡水魚にしか興味がない。

彼は以前、「ルアーで一メートル級の魚を狙うのは、誰がやっても確率論で釣れる。でも、フレッシュ・ウォーター・ジャイアンツは選ばれたものにしか釣れない」と豪語していた。おそらくルアーの釣りはほとんどやらないのではないだろうか。彼の意見は、ある意味、かなり偏っているように思えた。

ヤコブは一六歳の頃から、地元でヨーロッパオオナマズ釣りのガイドをしていたそうだ。それに飽きて、人に相談すると、カジキ釣りのガイドになることを勧められたという。しかし、彼は淡水の巨大魚のほうが海の釣りよりもクリエイティブだろうと考えて、怪魚釣りの旅に出るようになった。彼のこの考えには、僕もとても共感できる。

なにしろ彼が狙うような大物は、出会うことすら難しい。二〇〇九年に偶然、コンゴ川で知り合ったとき、僕も彼もムベンガを狙っていた。僕は初めての滞在だったが、彼は三回目か四回目の滞在で、それまでに通算九カ月もの時間を費やしていると言っていた。

しかもヤコブは、ムベンガを釣るために魚を探すソナー付きスピードボートを購入し、土地まで買って基地を設営していた。荷物は貨物船のコンテナひとつ分にもなるというスケールだ。丸太をくりぬいただけのカヌーに乗り、荷物は三〇リットルのリュックひとつという僕とは、装備力の面で雲泥の差があった。

彼はそのときすでに二五キログラムのムベンガを釣り上げており、さらに世界最高記録の五五キログラムを超える大物を釣りかけ、糸を切られたことがあると話していた。ヤコブに写真で見せてもらった二五キログラムのムベンガはまだ若く、細い体つきをしていた。ムベンガはだいたい三〇キログラムを超えると老成して、太ってくるような印象がある。

このときは、僕のほうがヤコブより先に、約四〇キログラムのムベンガを釣ることができた。帰国後に写真を送ると、嫉妬からかメールの返信がこなくなった。数年後、彼から唐突に僕と同等サイズのムベンガの写真が送られてきたのだが、そのメールには、「(二〇〇九年に写真が送られてきたときには) 心から祝福したいと思った。あのサイズのムベンガの難しさを誰よりも身にしみて知っているのは僕だ」と書かれていた。負けず嫌いで人間臭い男なのだ。

その後、最後の未知なる怪魚だと思っていたチグリス・ユーフラテス川の伝説の巨大魚ソングをヤコブに数年早く釣られてしまった。

ちなみに深海魚釣りの世界には、テル岡本という人物がいる。日本の深海魚釣りの開拓者であり、第一人者だ。大学時代から岡本さんの書物を読んでいた僕は、幸運なことにご本人と面会し、直接アドバイスをいただいたこともある。岡本さんは、釣り人から「ディープマスター」と呼ばれており、「ディープインパクト」という深海竿もプロデュースしている。深海魚に関する現場経験の蓄積は、研究者からも一目置かれており、珍しい魚が釣れたときには大学にサンプルとして提供することもあるという。

ちなみに僕は、「体長一メートル、もしくは体重一〇キログラム」の怪魚も、二メートルを超える怪物も、深海魚も全部やる。そこに僕のスタイルがある。これまで、国内で釣りのジャンルとして確立している魚種（その魚専用の釣り道具が販売されているような魚種）の八割くらいは挑戦してきた。

極めたと言える釣りはないけれど、あらゆる現場を経験してきた僕には、その結果として、情報を精査する能力と、初めての場所での適応能力が身についた。これらの経験は、ただ釣るのみならず、楽しく釣るための発想の源になっているのだ。

第五章　キャッチ・アンド・リリースと食すこと

これまでに出会った強い魚

巨大魚を釣り上げることを「死闘」と表現する人は多い。僕もそのような表現を使うことはあるし、心情的にはそのとおりなのだが、客観的に言えば、淡水巨大魚はまだおとなしいほうかもしれない。

面白いことに、淡水魚より、海の魚のほうが断然強い。紡錘形の魚は淡水魚でも概してファイターだが、それでも三キログラムのコイの引きが一だとすると、同じサイズのマグロの引きは、体感的に一〇くらいになる。これは、マグロが海の中を常に泳ぎまわっているためだと思う。彼らは泳ぎ回りながら常に酸素を補給することで、強い筋肉を手に入れた。いわば、全身筋肉のアスリートのようなものである。

一方、淡水の怪魚は待ち伏せ型が多い。動き回らず、岩の下などに隠れて、目の前に来た魚を食う。浪費しないように体に栄養をため込み、それが脂肪となる。

そのため、かかった瞬間、前に「ガクン！」とつんのめるような強烈な引きがあるものの、それを耐えてしまえば、すぐに諦めて動きがのろくなる。二メートルを超えるピラルクーを釣ったときもそうだった。正直に言うと興奮しすぎてあまり覚えていないのだが、それでも同じサイズの海の魚であれば、もっと時間がかかったはずだ。

深海魚も、淡水魚同様に栄養をため込むタイプの魚だと思う。身も白身で、赤身の深海魚は見たことがない。深海はエサが少ないので、がんばって泳ぎまくる種族より、じっとエサを待つ種族のほうが多いのだろう。

淡水魚の中で、あえて「強い魚」を挙げるとすれば、引く力×持久力でみた場合、パプアンバスは力強い。彼らはコロンと丸っこく、身が詰まっていて、相撲でいえば、朝青龍《あさしょうりゅう》のような感じだ。

また、アマゾンにいるパクーという雑食性のピラニアは、やはり円盤のような形をしていて、脚が三本あるような粘り強さがある。土俵際の強さはピカイチというイメージだ。針にかかった後の魚とのやり取りでは、頭を自分のほうに向けさせるのが最も重要だが、丸い形をした魚は、長細い形の魚より、概してそれがやりにくい。パクーの場合、頭が遠くに向いてしまうと、こちら側に向けさせるのがなかなか難しかった。

一方で、瞬間的な引きの強さが印象に残っているのが、ムベンガだ。しかし、ムベンガのようなカラシン目が決定的に劣っているのは持久力。瞬発力は半端ではないのだが、粘

釣り上げるまでに40分近くかかったピライーバ

り強くはない。

いずれにしても、僕の場合、釣り上げるのに不足のない道具を使うので、いくら強いからといっても、格闘になるほどのことはない。

淡水魚のうち、今までで一番、引き上げるのに時間がかかった怪魚は、『情熱大陸』という番組の撮影でチャレンジした二メートルになるナマズ、ピライーバだ。このナマズは、川の流れとF1マシンのようなひれをうまく使って、川の底に張り付く。一匹目はかなり慎重にやったこともあり、引きはがすまでに四〇分くらいかかってしまった。

魚からすれば、人間に釣り上げられて抵抗することなど、一生に一度、あるかないかという出来事のはずなのに、ピライーバは自分の体を最もうまく使って抗うすべを本能的に知っていた。

魚はこちらから能動的にアプローチすると、このような面白い面をたくさん見せてくれる。たとえば、生態系の頂点にいる川のヌシのような魚は、普段は敵がいないので、こちらが水中に潜っていると、「なんだろう」というふうに寄ってくる。しかし水上から覗き込むと、さっと消える。稚魚のときには、鳥に狙われることが多いので、本能的に上から覗き込んでくるものを警戒する習性があるのだろう。釣りを通して得られるそんな小さな発見もまた興味深い。

魚の強さに話を戻そう。人間の筋力スペックを超えるような魚はかなり限られる。淡水魚であれば、ピライーバ以外は、一〇分もあれば引き上げる自信がある。必要なのは、適切な道具と冷静さだ。

釣り人の中には、名人芸のような竿さばきで魚をうまく誘導する人も、もちろんいる。魚を暴れさせないようにするテクニックは確かにあるし、その技術には人によって上手い下手がある。しかし、神業のようなものがあるわけではない。それは言うなれば恋愛テクニックのようなもので、マニュアルどおりにやったところで必勝パターンがあるわけではないのだ。釣りも恋愛も相手があってこそ成り立つものなのかもしれない。思うような結果を得られるとは限らない。

ただし、釣りにも当然、定跡はある。それはたとえば、アタリの少ない大物狙いの怪魚釣りの際には、糸が切れて数少ないチャンスを逃すことがないように太い糸で挑むというようなことだ。

魚を撮影する

釣り人の中には、柔らかい竿と細い糸で釣ることこそがステイタスだと考える人もいる。そのため、糸の太さで階級分けをして、世界記録はそれぞれの階級で決められている。同じ一メートルの魚を釣る場合でも、直線強度が一〇キログラムの糸より五キログラムの糸で釣ったほうが、自分の腕を生かして釣ったということになるのである。

しかし僕は、硬い竿と太い糸で、できるだけ時間をかけずに引き上げることをモットーとしている。なぜなら、柔らかい竿に細い糸を使うと、その分、釣り上げるまでに時間がかかり、魚を傷つけることになるからだ。魚にダメージを与えるようなことはできるだけ避けたい。

釣り上げた魚を写真撮影する際にも、なるべく負担はかけないようにしている。当然だが、陸に長時間揚げ続ければそれだけ魚は消耗してしまう。そのため、自分が初めて釣り上げた種類の魚である場合や、どうしても記録として残しておきたいサイズである場合などを除いて、魚を陸に揚げることは避けるようにしている。

魚は普段、水圧で体を維持しているので、巨大魚の場合は特に陸上に揚げると重力をもろに受けてしまい、自らの重みで内臓に負担がかかるようだ。時々、鱗の隙間が赤くなり、内出血している魚を見るのだが、あのような状態の魚は、自分の体重で内臓を圧迫してしまっているだろうと思う。

元気な魚の腹はツルンと白い。また、カメラのほうをギロッと睨《にら》む。僕はそれこそが、魚の「いい顔」だと思っている。逆に意識が朦朧《もうろう》としている魚は、目の焦点が合っていない。いわゆる「死んだ魚の目」になっているのだ。

そうならないようにするためには、水中で魚を抱きかかえて写真を撮らなければならないわけだが、これがなかなかの重労働だ。水の浮力を利用しているとはいえ、一〇キログラムを超える重量の怪魚がもがけば、なかなかポーズを決められないこともある。そんなときには、仕方なく地面に揚げることになるのだが、ブルーシートを敷いて体表の粘膜を損傷しないように配慮することもある。

また、撮影に使うカメラも簡単にすばやく撮れるものを使うようにしている。旅をするときには荷物を極限まで減らすようにしているのだが、カメラは例外だ。少々かさばっても、オートフォーカスできれいに撮れる一眼レフを導入した。

なぜなら、すぐにピントが合わないと、魚が弱ってしまうからだ。シャッター速度が速くて、現地の人にも簡単に扱えるものを選ばなければならない。三脚を使って、自分で撮る方法もあるにはあるが、現地の人にカメラを預けて撮ってもらうと、彼らと仲良くなれるというメリットもある。

僕が魚をきれいに撮ることにこだわっているのは、雑誌に掲載する目的のためだけではない。やはり、きれいなものはきれいなまま写真に残しておきたいという思いが強いのだ。ピントは必ず魚に、特に魚の目に合わせるようにする。自分の顔はぼやけてもいい。魚が最優先だ。最近では、顔認識が高性能すぎるカメラもあるのだが、いっそのこと、魚認識機能の付いたカメラを開発してほしいとすら思っている。

ある怪魚の死

釣った魚はできるだけ元気なまま戻したい。しかし、その一方でキャッチ・アンド・リリースを「きれいごと」だと思ってしまう自分もいる。巨大魚となると、釣り上げたときには向こうも死力を尽くしており、死んでしまうことが多いからだ。

最初にそれを体験したのは、二〇〇六年にモンゴルで一三六センチメートル、約二〇キログラムのタイメンを釣ったときのことだ。タイメンは、開高健の『オーパ、オーパ!!』(集英社文庫)にも登場する巨大魚だ。人間でいえば小学生の子どもほどの大きさの命が、自分の手の中で消えていく感覚は今でも忘れられない。何がなんでも蘇生しようとしたがダメだった。

その後、アマゾンで釣った二二〇センチメートルを超えるピラルクーも、生きて戻すことはできなかった。釣れたというううれしさと達成感は一瞬だけで、あとには深い哀しみが残った。あの感情がどこから来たものなのか、自分にはわからなかった。

それからしばらくして、生き物の命を奪うということときちんと向き合うために、猟銃の免許を取ることにした。自分の撃った弾で、自分より大きな四足の動物を殺す……それによって哺乳動物の血が冷えてゆく過程を体感する必要があると思ったのだ。

結局、キャッチ・アンド・リリースというのは、小魚にのみ可能な方法なのだと思っている。というのも、釣り上げる際には、魚に対して過度な負荷をかけざるを得ず、引き上げるのも魚が疲れきる寸前だからだ。魚の弱りやすさには、種類によってかなりの違いがあるが、なかでもカツオやマグロなど赤身の魚は概して弱い。彼らは淡水魚よりはるかにファイターである分、消耗も激しいのだ。一時間以上闘って生き残るマグロは決して多くないのではないだろうか。

しかも、そこまでして釣ったマグロの肉はオーバーヒートして、不味くなっているはずだ。ヘミングウェイの『老人と海』で、老人は糸にかかったカジキを格闘の末、素手で釣り上げる。しかし現実問題として、あんなに時間をかけて格闘していたら、カジキの身には疲労がたまり、体温も上がって身が焼けてしまい、売り物にはならなくなるだろう。

巨大魚に限って言えば、食べることのみを目的として釣るのなら、レジャーの釣りとしてではなく、漁としてやったほうがよいと思う。実際、マグロやカジキの漁では、電気ショッカーなどを使って抵抗させずに引き上げることが多い。

現代の漁法で、技術的に最高峰だと思うものに、メカジキの突きん棒漁というのがある。第一章でも触れたように、メカジキは深海に暮らす魚だ。海域や季節によっては、どういうわけか水面近くに現れることもある。その体重は、最高で六〇〇キログラムにもなるという。

突きん棒漁では、海面に浮いてきたメカジキを走る船の上からモリで一気に突いて仕留める。このモリには電気コードがついており、刺さったらすぐに電気で気絶させるのだ。この漁において、『老人と海』のような死闘はあり得ない。突いてしまえば、あとは動かないメカジキを引き上げるだけだ。おいしく食べるという目的なら、激しい死闘は不要なのである。

生きて戻すことができない深海魚

深海魚は大きさにかかわらず、キャッチ・アンド・リリースできないものが多い。これは水圧と関係している。

水の密度というのは空気よりも高く、深くなればなるほど、水圧は上がる。その中で暮らす魚たちは、体が重ければエサが来たときに動けないし、逆に軽すぎれば浮いてしまい安定しない。そこで、浮きもしなければ、沈みもしない、中性浮力というものを保っている。

その方法は魚によって異なるのだが、浮袋がある場合は、これを膨らませたり、収縮させたりすることで、浮力を調整する。こうした魚を一気に水面まで釣り上げると、水圧で収縮されていた浮袋がエアバッグのごとく一気に膨らみ、内臓を強烈に圧迫する。魚の体の構造によっては、胃袋や肝臓などをすべて口の外に吐き出し、内臓が壊れてしまうこともある。

このような浮袋がない魚には、たとえばシーラカンスがいる。シーラカンスというのは、ギリシャ語で「中空の管」という意味だが、その名のとおり、脊柱が中空の管になっていて、そこに比重の低い油をため込んでいる。これにより、浮袋とは異なる構造で中性浮力を保っているわけだ。また、魚類ではないがダイオウイカなど深海のイカも浮袋は持っていない。

このように浮袋を持たない深海の生き物の場合、非常にゆっくりとした速度で上げることができれば、ノーダメージというわけにはいかないものの、致命的なダメージを与えないで済む可能性がある。ただし、それも季節によって変わる。

ダイオウイカの場合、好む水温は六～一〇度といわれている。シーラカンスがいるところはもう少し温かいが、それでもせいぜい一二～一三度程度だ。深海は季節を問わず、温度変化があまりない。

ところが夏の水面は三〇度にも達するので、深海との温度差は二〇度ほど。恒温動物の僕らですら、突然二〇度も気温が変化し、そこで生死をかけて一時間も暴れたら死んでしまうだろう。ましてや恒温動物ではない彼らは、体の急激な温度変化を自分で調整できない。そのため、深海魚釣りは、できるだけ冬にやりたいと思っている。それでも、リリースできない魚は、キャッチ・アンド・イートが前提となる。

死なせてしまった魚はすべて食す

釣り上げた魚を食べるのか逃がすのかは釣り人の自由だ。「釣ったからには食べてあげないとかわいそう」と眉をひそめる日本人は多いが、これは輪廻転生という仏教的思想がそうさせるのかもしれない。しかし、僕は単純にそうは考えない。仮に僕が狩られる側だった場合、たとえ瀕死であっても力尽きるまでは逃げることを諦めずに足掻《あが》くだろう。可能性がゼロでないなら逃がしてほしいと思うのが普通ではないか。どうしても食べてみたいと言うのなら、体の一部は差し出してもいいが、命まではとらないでほしいと思う。実際、僕が釣り上げてきた魚たちから強く感じ取ったのも、「なんとしてでも生き延びたい」という執念だった。

僕の場合、最初から食べるために釣った魚以外はできるだけ生きたまま戻したいと思っている。しかし、それができない魚も当然いる。そうなったときに初めて、食べるという選択肢が出てくるのだ。また、どんな魚であっても自分でさばいたり、調理に立ち会ったりするときには、必ず一度、一口か二口、生で食べてみるようにしている。調理される前の味を知っておきたいという好奇心があるのだ。

淡水魚には寄生虫がいるので生で食べないほうがいいといわれている。しかし、実は海水魚にも寄生虫はいるので、何が危険かは一概には言えないのだ。

最近、海でイシダイを釣って食べたとき、おそらくアニサキスではないかと思うのだが、激しい腹痛に見舞われ、救急車で運ばれた。こんな経験は生まれて初めてだった。

悶絶するくらいの痛みだったけれど、一〇年以上、海外を旅し、さんざん魚を食べてきて、一回あたるくらいなら、まあ、いいだろうと思っている。このときは、退院したその足で、残っていたイシダイを食べに戻った。

また、アフリカでは、デンキナマズを食べたことがある。このナマズは小さく、調理の時間も十分にあったので、一匹解体して丸々食べた。以前アマゾンで釣り上げたデンキウナギは頭側に内臓などがグッと寄っており、体長の八割ほどは発電器官だったが、このとき釣り上げたアフリカのデンキナマズは、一般的な魚とそれほど変わらない筋肉と内臓のバランスだった。全身にダウンジャケットを着込むように、ブヨブヨした発電器官をまとっているイメージだ。

筋肉は普通の魚と似たような食感だったが、発電器官の食感は今までに経験のないものだった。それでいて芯には、しっかりとした筋肉もあるので、たとえるなら茹でたタコの足のイメージに近いかもしれない。アフリカと南米、同じように電気を発する魚でも、構造は全然違うのだなぁと、舌で実感した。同行していた現地のアフリカ人いわく、普段はこのブヨブヨ（発電器官）は捨て、芯の筋肉だけを食べているそうだ。

余談になるが、日本のウナギも一度だけ生で食べてみたことがある。ウナギの血液には毒があり、普通は生食に向かないそうだ。それをうまく処理して食べさせる店があり、そこで食べた。僕が食べた生のウナギは酸っぱく、それがたまたまだったのか、生のウナギは全般的に酸っぱいものなのかまではわからなかった。

旨い魚とは？

これまで、何百という種類の魚を食べてきたので、どんな魚が旨いのかとよく聞かれる。あまりにしょっちゅう聞かれるので、正直言うと、うんざりするくらいなのだが、まず言いたいのは、おいしいかどうかは、その人の主観によるということだ。僕自身は、一般に「脂がのっていて旨い」といわれる魚を、あまりおいしいと感じない。

以前、ブラジルで出会った日系ブラジル人は、出稼ぎで日本にいる間、海の魚が海臭くて食べられず、ニジマスばかり食べていたそうだ。日系人は、僕らと先天的な違いはないはずなので、アマゾンの川魚をベースに育った彼らが日本の魚を海臭いと感じるというのは、面白い。味覚とは後天的なものなのだと感じた。

また、主観を除いて考えても魚によって一番旨い状態というのは異なる。老体よりも若いうちが旨い魚もいれば、季節によって旨さが異なる魚も当然いる。一定の味のクオリティを保つという点では、野生の魚より、むしろ養殖のほうがおいしいかもしれない。

さらに魚の味を大きく左右するのが、処理や保存、調理の方法だ。釣ってすぐに頸動脈を切り、血抜きをした魚や、神経を破壊する「神経締め」という処理をした魚は味が安定する。しかし、海外遠征中に、そうした処理をして食べ比べられる機会は多くない。

たとえば、旨い刺身を食べるためには、きれいな流水と、魚をすぐに冷やせる清潔な冷蔵庫、そして身を壊さないようにスッと切れる包丁が必要だ。しかし、僕が怪魚釣りで行くような場所で、これらの条件がそろうことはなかなかない。

そもそも、魚を生で食べる習慣がある地域というのも、かなり限られるのだ。僕が思いつくものでは、ペルーなどのラテンアメリカで食べられているセビーチェという料理がそうだ。これは、マグロやイカなどの魚介を細かく刻み、レモンで表面が白くなるまで締めたものだ。

部位によって変わる怪魚の味

海外の遠征先では、大抵の場合、魚を油で揚げてしまうので、味の違いがあまりわからなくなる。現地の事情にもよるが、一般的に、少ない熱量で効率よく調理するには、揚げるのが一番なのだ。また、揚げた魚からは水分が抜けるため、保存性が高まり腐りにくいというメリットもある。

特にコンゴは、燃料が炭なので、お湯を沸かすのには時間がかかる。その点、揚げ物は手軽につくることができ、油ごと食べてしまえばカロリーもとれる。コンゴ川で釣ったムベンガも、素揚げした後、コンゴ風のトマト煮込みにして食べた。

巨大魚は、筋肉の一つひとつが大きい。そのため、咀嚼《そしゃく》するとツナ缶のような繊維質を感じることが多い。魚というよりは、肉に近いイメージだ。ムベンガは、魚肉食材として優秀かと問われれば、何とも言えない。僕はおいしいと感じたのだが、結局は釣り上げた喜びが最高の調味料なのだ。

ムベンガは食べることを前提として釣ったが、ピラルクーは釣ったら逃がすつもりだった。釣り場に二匹しかいないことはわかっていたし、地元の人に聞いてみると、つがいである可能性も考えられたからだ。

そのため、釣り上げた際に殺してしまった衝撃は大きかった。結局、村の人たちにも分けて食べたものの、事情が事情なのでとてもおいしいとは思えなかった。ただ、村人の反応から推察する限りでは、その地域に生息するほかの川魚よりは、おいしい魚だったようだ。

その後、またアマゾンに行ったとき、スーパーで売っていたピラルクーの肉を買って食べてみた。ピラルクーは養殖もされていて、現地の食用魚となっている。しかしそれは、酸化した脂の味がして不味かった。

怪魚といわれる魚は、概して大味で、とりたてて旨いと感じるものは多くない。ただ、大きな魚を食べる楽しみとして、部位によって味がはっきりと違うことがある。それは、肉を食べる楽しみに近い。たとえば牛肉なら、焼き肉屋に行けばカルビやホルモンなど、部位ごとに異なる味や食感を楽しめるだろう。これを大きな魚に当てはめると、肉でいうカルビはハラスだ。マグロの場合は大トロと呼ばれており、脂がのっていて多くの人に好まれている。

パプアンバスは、腹回りは脂がのっているので、焼いて食うのが旨い。背中の肉はスープにして煮るのがいい。それより旨いのが、ヒレの付け根のえんがわといわれる部分だ。

また、同じ種類の魚であれば、より大きなサイズのほうが、一般的に旨いと感じるのではないか。人間も同じだが、体が大きくなると代謝が悪くなる。そして体はより肥えていき、全体的にボテッとした体型になる。そのほうが、身に脂がのっておいしいのかもしれない。

いずれにしても、味を求めるなら、やはり、日本で適切に処理された魚を食べるのが一番だと思う。ただ、世界でいろいろな魚を食べてきた中で、あえておいしかった魚を挙げるとするならば、アマゾンで釣ったパクーは外せない。

パクーは分類上はピラニアに近い魚で、トウモロコシやビワ、さらにはカニなども食う。

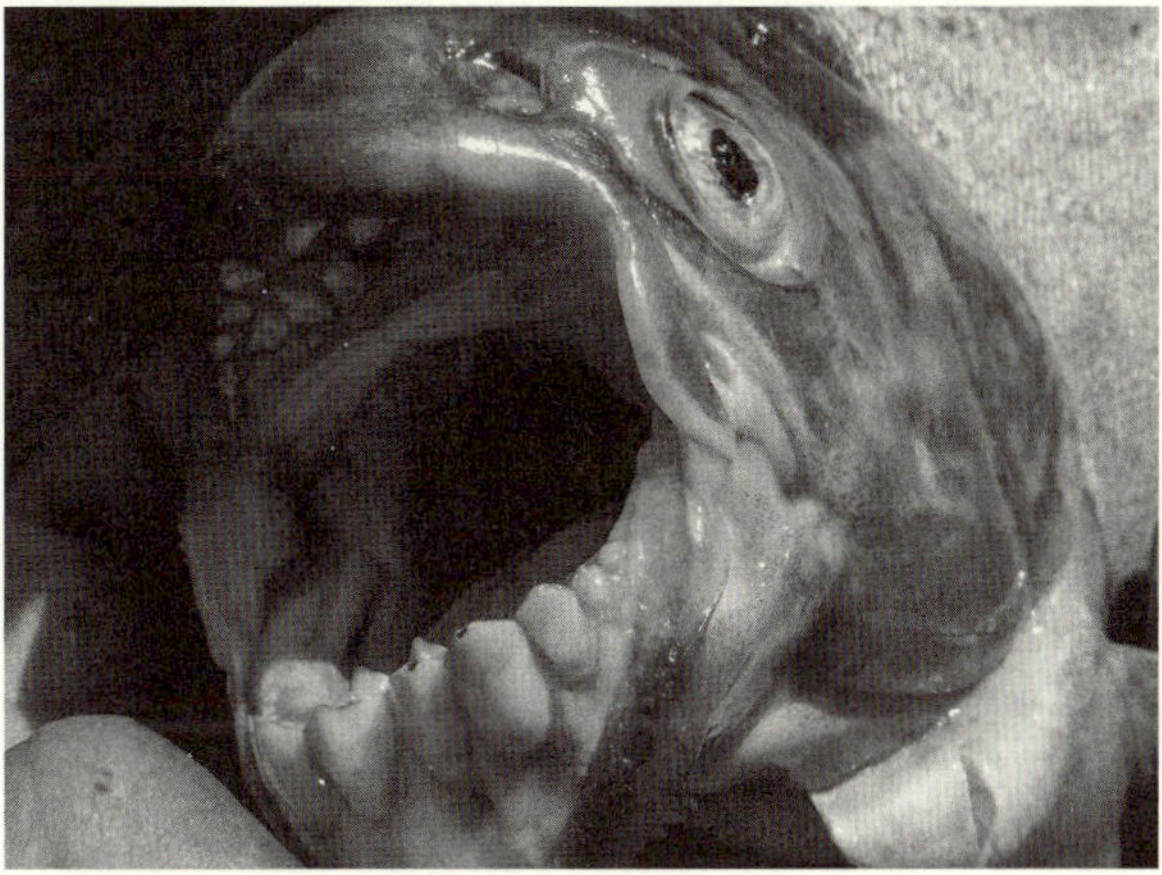

まるで人間のような歯を持つパクー

果物の種や木の実を砕いて食べるため、歯は魚というよりも人間に近い。口だけ見ると、まるで人面魚だ。この魚は臭みがなく、極めて旨かった。

　また、頭の骨がコチコチに硬く、鱗が進化したと思われる硬い骨板の体表で覆われたプレコやヨロイナマズなどのナマズは、スープにすると出汁《だし》が出て、タイのあら汁のように旨味が強い。骨の旨みというオプションを差し引いても、これらのナマズは全般に食用魚として優秀だ。多くの種で鱗がなく小骨も少ないので、調理がラクで口当たりもよく、世界中で好まれる。アフリカやアジアで食べるヒレナマズ類も、例にもれずおいしかった。

ヨロイナマズのスープ

　ただ、ヒレナマズ類は沖縄にもいて、友人が沖縄や香港のどぶ川で釣ったときは不味かったそうだ。野生では、地域によっても個体によっても食べているものが違うので、味のバラツキがあるのだろう。

二度と食べる気がしないウミウシ

　一度、ウミウシを食べたときには、かなりぶっとんだ味がした。ウミウシは貝の仲間だ。貝というのは、ほかの生物以上に行動領域が制限されているため、生息環境がより強く味に反映されるようだ。

　ウミウシを食用にしている地域はいくつかあり、旨いと言う人もいるのだが、僕が食べたそれは、ただ茹でただけなのに、ものすごくケミカルな味がした。その海域で、何かあったのかもしれないと思ったほどである。はっきりと「食えたものではない」と感じた水生生物は、後にも先にも、このときのウミウシくらいだ。食感がおかしかったり、食べづらかったりというものはあるが、飲み込むのを体が拒否した経験は、このときだけだった。比較のために他地域で食べてみようという気すら起こらないほどに強烈な体験だった。

　その逆に予想外においしかったのがヌタウナギだ。ヌタウナギは脊椎動物の中で、最も原始的な生物だ。皮を剥《は》いでぶつ切りにした身を唐揚げにしたら、中心部がナンコツ揚げのようにコリコリとして、まさにタコブツのような食感だった。

　ただし、このヌタウナギは、さばくのがとても面倒だった。韓国では、皮をなめして財布にするくらい強度があり、硬いのだ。また、異常を感じると、全身から粘液のようなものを出し、周囲の水をゼリー状にして、それで皮膚を覆うという性質を持っている。僕が捕まえたヌタウナギも水に入れてからしばらく経つと、新素材樹脂のようなもので覆われていた。そのときは結局、皮をズボンを脱がすようにして剥いで、中身だけを調理することにした。

怪魚をさばく

海外では、自分でのんびり調理している余裕がないので、どうしても現地の人に任せることが多くなってしまうのだが、自分でさばくと意外な発見があって面白い。

魚のさわり心地は種類によって全然違う。成長の段階や、捕れる場所によって驚くほど変化するのだ。さらには季節によって、ヌメリ感も変わってくる。人間でも赤ん坊の皮膚はツルツルで、お年寄りはカサカサしているが、それは魚も同じなのだ。

また、なかにはコチコチとしたさわり心地の魚もいる。前述したプレコなど、ナマズの一部は、頭蓋骨が非常に進化しており、頭部がF１のレーシングマシンみたいになっていてさわると硬い。

一方でアリゲーターガーなどは古代魚特有のガノイン鱗という硬鱗を持っており、包丁の入る隙がない。東京で釣った（引っかけた）一三〇センチメートル超えのアリゲーターガーをさばいたときは、チェーンソーのような電気ノコギリを用いて調理した。

海外で釣った小さいガーは丸焼きにした。硬いといっても、所詮は魚なので、鱗の結合部はコラーゲンというタンパク質でできている。そのため火を通せばほぐれるのだ。鎧《よろい》のように硬いガノイン鱗は丸焼きの際に鍋のような役割を果たし、身は蒸し焼き状態になった。焦げた表皮は焼き芋の皮のようにベリベリと剝がして食べた。蒸し焼きになってもなお硬い身は、あまりおいしいものではなかったが、かといって、もしも身だけを取り出してから焼いていたら、もっと硬かっただろう。

実際に釣り上げたり、さばいたりすることで、魚に対する理解が深まることは多々ある。たとえば前述したイシダイは針がなかなかかからない魚だと聞いていたものの、そのかからなさ具合は僕の予想をはるかに超えていた。自宅のある富山から釣り場の三浦半島まで、四回も通ってようやく釣り上げることができた。そして食べてみたところ、口の部分が鳥のクチバシのようにカチカチだった。人間でいう歯茎にあたる部分まで骨でできている。貝やウニを嚙み砕いて食べているので、このような口になっているのだろう。幼魚を過去に釣ったことがあるので、この構造を知ってはいたものの、成魚のそれは、想像以上に骨の要塞であった。

なるほど、こんな口では、針がかからないわけである。やはり、百聞は一見に如《し》かずだ。

魚の胃袋を引っくり返してみるのも好きだ。これは幼稚園の頃からそうだった。僕の母は魚をさばくのが上手かったので、魚を丸ごと買ってきてもらい、それをさばいている横で胃の中に何が入っているのか見ていた。

今でも印象に残っているのは、ブリの若魚の胃袋から、イワシが出てきたときのことだ。ブリは回遊魚なので、同じようなサイズの魚を追い回して食べている。胃袋から出てきたのも、同じ大きさのイワシばかりだった。半分、消化されているものもあれば、飲み込んだばかりのものもあった。ちょうどこれを食べたところで定置網に入ったのか、それとも定置網に入ってもなお、周囲のイワシを食べ散らかしていたのか。そんな想像をしながら、胃袋の中から出てきたピカピカのイワシをラッキーなおまけとして唐揚げにして食べた。

川のヌシのような魚の胃袋からはエビやらカニやら小魚やら、いろいろなものが出てくるし、深海魚の胃袋からは、通常の釣りでは釣れないような小さな深海魚が出てくるのでさらにワクワクする。

深海魚釣りでは基本的に大きな魚しか釣れない。小さな魚は釣り上げるまでに水圧変化などで崩れてしまうからだ。パプアニューギニアの深海四〇〇メートルでシマガツオの仲間を釣り上げたときは、胃の中から一〇センチメートル足らずの名前も知らない魚が出てきた。

深海魚は旨いのか

食の面白さという点では、怪魚よりも深海魚のほうが深いかもしれない。浅い海で釣れる魚には食べられないほど不味いものは、ほぼいないのだが、深海生物に関しては、変わった身質のものがいたりする。その最たる例がミズウオだ。ミズウオは春になると深海から浮き上がってきて駿河湾の浜に打ち上げられる。あるとき、興味本位でそれを拾って食べてみたら、とにかく塩辛くて驚いた。身がこれほど塩辛い魚は初めてだ。おまけに体がとても柔らかくて水っぽい。まさに海水を寒天で固めたような魚だった。

深海カジキのメカジキを自分で解体したときには、肋骨がないことに気づいた。気になって調べてみると、普通のカジキとは属が異なり、一属一種の変わり者だということがわかった。

深海魚は、腹のまわりに骨がなく、エサを食べると腹が膨れて伸びる魚が多い。口も大きく開くので、自分よりも大きなサイズの魚を食べるものもいる。これは想像だが、深海のように、いつエサが食べられるかわからない世界では、食べられるときにできるだけエサをおなかに詰め込む必要があるのだろう。そのため、そのような構造に進化していったのではないだろうか。

怪魚の場合、深海魚のような極端な例は少ない。世界中で怪魚を釣り、食べてきた今になって思うのは、結局は怪魚も普段日本で食べている魚類の味と大して変わらないということだ。魚類である以上、これは当たり前なのだが、身が紫の魚や、真っ青の魚、唐辛子のように辛みがある魚がいたら楽しいのにと思うことはよくある。また、ウナギのような微毒魚の例はあるものの、これも加熱すれば完全に分解される。フグのように加熱してなお人間を死に至らせるほどの有毒怪魚は淡水にはいないのではないかと思う。

第六章　人と自然、そして怪魚

怪魚を取り巻く状況の変化

怪魚釣りの旅に出るようになって、一〇年以上経った。その間ですらも、大きな環境の変化を感じる地域がある。

僕はあまり同じ場所に何度も通うことはないのだが、パプアニューギニアだけは、初訪問の二〇〇五年からずっとモニタリングしてきた。これまで訪れた回数は七回。初めて行ったときは、それはもうむちゃくちゃ釣れた。それでもフライ川の上流にある銅鉱山が排出する泥の影響で、以前ほどは魚がいなくなったという話だった。そして僕が通う約一〇年の間に川は泥で浅くなり、次第に魚が釣れなくなっていった。

川を汚染した鉱山を運営している企業は、村に補償金を支払っており、それが村人のまとまった現金収入となっていたのだが、伝え聞いた話では、最近になってその企業が銅鉱山から撤退したらしい。川一帯に産業がなくなった今、村人の現金収入は途絶えているだろう。また、川の変化とともに人々の生活も変化し、外来魚の種類や数も増えていったように感じる。

魚の量は減ったというものの、これまで見なかった魚が釣り上げられたという話もある。

タイでプラーチョンと呼ばれている種のライギョ

二〇〇五年に訪れた際には、タイでプラーチョンと呼ばれている種のライギョ（学名でチャンナ・ストゥリアータ *Channa Striata* という種だと思われる）をこのフライ川で確認した。

タイでは一番旨いとされる淡水魚なのだが、ライギョは英語でスネークヘッドともいわれるように、見た目がヘビに似ているので、村人たちは怖がって食べようとしなかった。当時はまだ、それほど多く釣れる魚でもなかったのだが、ひとまず仲良くなった村人たちに食べられる魚だと教え、一緒に素揚げで食べてみた。

翌二〇〇六年に、もう一度行ったときには、プラーチョンが爆発的に増えていた。生き物は、新たな場所に移入されると一気に増えることがある。ブラックバスなどもそうだ。新たな魚が入ると、それに呼応して一帯の状況が一変してしまうことは、珍しくない。

その年は、川で洗濯しているおばさんの隣でルアーを落とすと、すぐにバーンと襲いかかってくるくらいに釣れた。しかし、村のおばさんたちはまだ怖がって食べていなかった。

そこで、村の主食であるセイゴというヤシの木の幹を砕いて水にさらし、そこから取ったデンプンを小麦粉のように使って、ムニエルのようにして食べる方法を伝授した。するとカリッとした食感が旨いと、なかなか好評だった。

三回目の訪問である二〇〇七年になると、島の周りにいるプラーチョンの数はかなり減っていた。僕による「ムニエル伝来」もあって、この年になると多くの人がプラーチョンを食べるようになっていたので、それに伴い捕獲数も増えたのかもしれない。とはいえ、少し場所を変えれば、相変わらずたくさんいるスポットはあった。

しかし、それが四回目に訪問した二〇一二年には、明らかに数が減り、どこに行っても、そう簡単には釣れなくなっていた。

その代わりに今度は、二〇〇七年には見かけなかったアフリカ原産のティラピアという

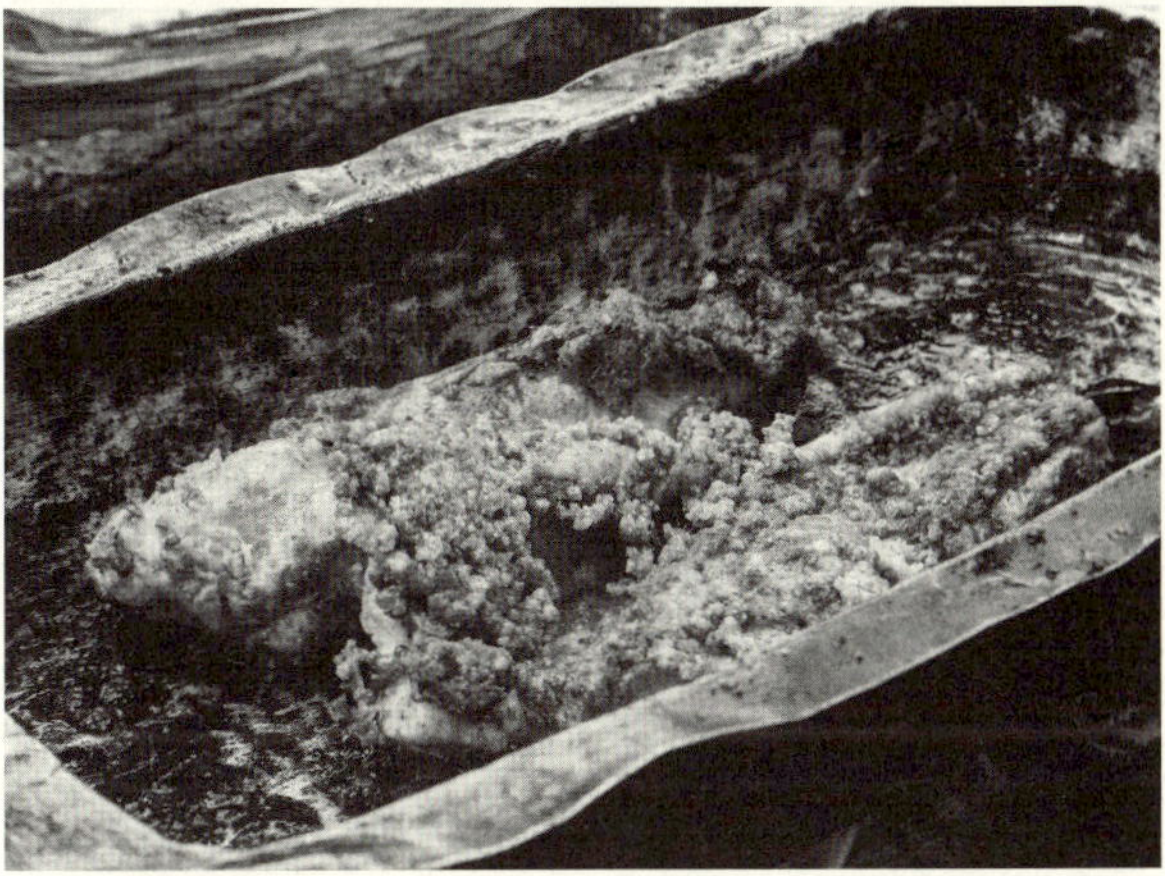

地元の人々がアレンジしたライギョのムニエル

雑食魚が増えていた。この魚は口をパクパクさせてプランクトンから栄養を摂取することができる種類で、熱帯地方の小河川に放たれたらすぐに爆発的に増える。

　ただ、生き物はあまりに増えすぎると、生態系のピラミッドが傾いて最終的に元の数に戻っていく。ピラミッドの底辺が大きい生態系ほど、その傾向は強い。訪問を重ねているパプアニューギニアの地域もそうだ。プラーチョンも、最終的にはその生態系の中であるべき数量バランスに落ち着いていったのだろう。ティラピアに関しても、いずれはそうなっていくことを期待する。

実は減っているブラックバス

日本で爆発的に増えたブラックバスも、最近では以前ほど釣れなくなったと思う。もちろん、新たに増え始めた場所では、一時的に爆発的な増加を見せているのだが。僕がブラックバス釣りを始めた一九九〇年代後半に比べれば総数は減っている印象だ。当時は、利根川や霞ヶ浦で今の何倍も釣れたと聞く。

ちょうどその頃、漫画雑誌『コロコロコミック』（小学館）に「スーパーフィッシンググランダー武蔵」というバス釣りの漫画が掲載されており、テレビでは芸能人が河口湖でバス釣りをする番組が放送されていた。メディアが新たな娯楽としてブラックバスを歓迎しており、いわばバス釣りバブル時代だったのだ。

利根川や霞ヶ浦に関して言えば、ブラックバスだけでなくアメリカナマズも加わったことで、さらに生態系のバランスが変わったようだ。養殖業者の間で、コイヘルペスなどのコイの病気が問題となり、経営の多角化を求めた業者がアメリカナマズを養殖し始めたのが発端と聞く。その増加と反比例するように、相対的にブラックバスの数は落ち着いていったと話す釣り人もいる。

これらの変遷は、その土地に暮らしているわけではない僕からすれば、伝え聞く話でしかないけれど、実際に今、利根川で釣りをしていると、川底がナマズだらけなのではないかと思うことがある。いつの頃からかコイ釣り師たちは、エサの制約を余儀なくされ、殻付きのタニシを使うようになった。これまでのエサでは、ナマズが芋掘りのように釣れてしまうからだ。結果として、それまでのエサ（ミミズなど、ナマズが食いやすい柔らかいエサ）ではなかなか釣れなかった特大のコイが比較的簡単に釣れるということがわかり、釣りとしては、むしろ進化したともとれる。

そして利根川水系のブラックバスは、以前であれば一日に三〇匹も四〇匹も釣れていたと聞くが、今では一日に五匹釣れれば大釣りと言っていい状況だ。釣り人たちの価値観もまたガラリと変わってしまったのだ。

ブラックバスは本当にワルモノなのか

ブラックバスが入った影響によって絶滅した日本の魚はいるのかというと、実は一種類もいない。とはいえブラックバスが生態系に影響を及ぼすことは間違いないだろう。実際に、ブラックバスが入ったことでタナゴという魚をめっきり見なくなった場所も知っている。しかし、そのタナゴもそもそもは、タイリクバラタナゴという外来種なのだ。結局のところ、外来生物が生態系に与える影響がいいのか、悪いのかといった議論は、人間の主観によるものだ。

侵略的外来生物として見るならば、魚の卵を食べてしまうブルーギルのほうが在来生物に与える危険度が高いと思う。それにもかかわらず、ブルーギルがメディアのやり玉にあげられることが少ないのは、今上天皇が皇太子だった時代にアメリカから持ち帰ったという移入経緯によるものではないかと僕は思っている。

一方、ブラックバスは赤星鉄馬《あかぼしてつま》という実業家が大正時代に、食用と釣りのレジャーのために持ち込んだものだ。それが小池百合子東京都知事が環境大臣だったときに特定外来生物になった。

要するに、「叩かれる」「叩かれない」の基準には、生物学的な危険度とは別に、人間の事情が関わってくるのだと思う。同様に、北海道で増えている外来種のニジマスが、どうして叩かれないかというと、現時点でも人間のために有用で、食用としてどこにでも出回っている食材であり、これを規制の対象にすると産業にも影響を与えるからだ。

実は日本国内では、ブラックバスを釣りレジャーの資源として保護しようという意見もある。ブラックバス用の釣り具をつくるメーカーなどにとっては、ブラックバスは保護されたほうがいいに決まっている。立場が違えば意見が異なってくるのも当然だ。

かく言う僕も釣りで飯を食べている人間のひとりではあるが、生物学者を目指したことのある者の端くれとしては、こうした意見に慎重にならざるを得ない。二〇一六年の東京都知事選の際には、釣り人の一部がSNSなどを通して小池候補へのネガティブキャンペーンを行っているのを見た。「釣り人は、小池百合子を許さない」などという書き方が多かったようだが、僕としては、一緒にされるのは迷惑だ。

一方で、タイなど東南アジアの国では、ブラックバスを移入する動きがあるという話を聞く。そうすれば、ブラックバス用の釣り具が売れて、ビジネスチャンスになるためだ。しかし、日本をはじめとする諸国の事例を鑑《かんが》みて、今のところ、この話はとどまっているようだ。

外来種を新たに移入することには、絶対に反対だ。どの国にもその国ならではの魚がいる。その多様性に惚れて世界を旅してきたのに、それを外来種によって損なってほしくない。

ただその一方で、日本からブラックバスを完全に駆除し、元の自然に戻すという取り組みも、現実的ではないだろう。なぜなら、ブラックバスが入ることで新たにつくられた生態系を完全に元の環境に戻すことはできないからだ。今ではブラックバスが社会悪とされており、税金を投じた駆除が行われているが、これにはひとりの釣り人として、釣りをしない方々に申し訳なく思う。釣り人の尻は、自分たち釣り人が拭かなければならない。本来であれば、ブラックバス駆除のための費用は、釣り人が負担するべきで、そのためには現状を踏まえた対策が必要だ。

ため池など、人為コントロールが可能な閉鎖区域で、完全に水を干あげることができるならば可能だが、それが無理な自然湖などでブラックバスが入ってしまったエリアでは、完全駆除は不可能なのだ。

では、具体的にどのような対策を打つべきなのか。僕が支持するのは、レジャー資源として割り切って利用するエリアをつくる「ゾーニング」と呼ばれる対策だ。アメリカでは、あらゆる釣りが漁遊権を購入して行うライセンス制となっている。むしろ先進地域で、タダでも釣りができる環境がある国は珍しい。日本でも本格的にライセンス制を導入したらいいと思う。そして、それによって得た財源を使い、生息地が限られる希少魚が生息する水域から集約的な駆除活動をするのが筋だろう。

いずれにせよ、ブラックバスが在来魚を食い尽くすものとする報道は、わかりやすいものに飛びつくメディアの先走りという面もあり、すべてが事実ではない。結局のところ、外来生物問題は現代社会において避けられないものなのだ。

人間が変えてしまった環境

世界で水辺を歩き回っていると、人の手によって変化してしまった自然を目にすることが数え切れないほどある。その典型的な例がダムだ。第二章でも、開高健が苦労して釣ったドラドが今では、川につくられたダムの放水口の下でやたらと釣れるらしいという話を書いた。

これらの変化は、魚からすればエサを捕りやすくなり、大きく成長できる個体が出てくるのでいいことのようにも思える。しかし、エサが豊富で大きくなれることと、繁殖し子孫を残してゆけることとは、また別の話だ。ダムを越えた先で産卵しなければ増えることができないような魚は、繁殖ができなくなる。

特に生態系の頂点に立つ巨大魚は、もともと、底辺にいるものより絶滅しやすい傾向にある。生態系のピラミッドの底辺が縮小すると、頂点の生き物の数はより少なくなってしまうためだ。現実的にはわずかには残るかもしれないが、少なくとも底辺の魚よりは絶滅のリスクは高い。

僕が日本三大怪魚と称している中の一種、ビワコオオナマズもそうだ。この魚は琵琶湖のヌシ的な存在だったが、水門の設置により産卵場所が縮小してしまった。ビワコオオナマズは本来、水位が上がったときだけにできる浅瀬で産卵する魚なのだが、人間が水位を一定に保つために水門を設けてしまったために、産卵の機会そのものを失いつつある。産卵場所がなくなれば、個体数は一気に減少し、絶滅の危機にさらされる。

ただ、その一方で、生物には環境に柔軟に適応できるだけの能力があることも忘れてはならない。

ロシアのある研究によると、パイクという大型の肉食魚がいる湖といない湖とで、そのエサとなるフナの体形を調べたところ、地理的には極めて近い湖であるにもかかわらず、パイクがいる湖のフナは飲み込まれにくいようにするためか背中が高く、円盤に近い形態になっていたそうだ。

ビワコオオナマズも湖北部にいるものと、湖南部から大阪のほうへ流れていく川に生息するものでは行動パターンが異なると主張する釣り人が多い。この主張には、僕も賛成だ。こうなると、仮にどちらかの個体群が絶滅してしまっても、ビワコオオナマズという種は残ることができるかもしれない。

しかし、それならば生物は絶滅さえしなければそれでいいのかといえば、そうではない。先ほど、自然を完全に元に戻すことはできないと書いた。その理由は、一度減った生物の数が再び増えたとしても、すでに失われてしまった遺伝的多様性が元に戻ることはないからだ。

野生動物を例に考えてみよう。一時、数千頭にまで減ったアフリカゾウが、人間の熱心な保護活動によって数万頭に増えたとする。しかし、失われたゾウの中には、寒くなったときに毛を生やすことができる、少々、乱暴な言い方をすれば「マンモスの血が濃い」アフリカゾウがいたかもしれない。

地球の寒冷化に対応する特異な遺伝子を持ったゾウがすでに一頭もいなくなっていたとすれば、たとえ後からゾウの総数を増やしたとしても、地球の環境変動に対する適応力は元に戻らないのである。

これは、魚においても同様だ。仮に、ある種類の魚にAからZまで、それぞれ異なる病気に耐性のある遺伝子を持った個体群がいたとする。しかし、何らかの外因によってCからZまでの個体群が死に絶えてしまえば、地球上にはAとBの個体群だけが残り、その種の遺伝的多様性は狭まってしまう。その後にどれだけAとBの個体群の数を増やしたところで、すでに失われてしまったCからZの遺伝的多様性は永久に失われたままなのである。

近年、オオサンショウウオとチュウゴクオオサンショウウオの交雑が進み、特別天然記念物である日本のオオサンショウウオの純血の存続が危ぶまれている。この二種は、見た目はほぼ同じで、専門家でもDNA鑑定をしないと判別できないほどに似ている。また、チュウゴクオオサンショウウオも、原産の中国本国では保護動物に指定されているため、簡単に駆除の対象にするわけにはいかないことも、問題をややこしくさせている。

陸上移動能力のある生物の外来生物問題はさらに深刻だ。ザリガニや、ミシシッピアカミミガメなどは、いかなる対策も手遅れというレベルにまで増えている。そのためか、もはや特定外来生物にも指定されておらず、日本の生態系はどんどんアメリカ（北米）化している。正確なデータ収集が不可能な規模なので、すでにマトモな学者は諦めているのではないか。僕のような専門外の人間が、こうして思い出したように問題提起する程度だ。

魚を科学する

大学時代、理学部生物学科に在籍しており、その後に進んだ大学院では生命科学研究科に籍を置いていた。ここで専攻したのが、保全生態学や進化生物学だ。

生物学（入学以後知った言葉で分類するなら、博物学）にも興味があったのだが、現在では、未知の生物を発見して記載すること自体が学問として高く評価されることはなく、むしろそれらがどのような社会性を有するのかといった一歩踏み込んだ研究が行われるようになっていると知って、別の道を選ぶことにしたのだ。

今思えば、学生時代にもっといろいろと勉強しておけばよかったと思う。当時は、怪魚釣りのためのアルバイトに明け暮れながら、世界中の怪魚を守るための研究をしたいという壮大な夢ももっていた。

学生時代、最初に自分で考えた研究テーマは、アマゾン川水系に生息するツクナレという魚の系統進化を解き明かすというものだった。

ツクナレは現地名で、英名をピーコックバスといい、最大種では体長一メートル、体重一〇キログラム以上になる。開高健の『オーパ！』では「アマゾンの花火」と称されているが、捕食の間合いがブラックバスより長く、一足飛びに水面のルアーに襲いかかる迫力は、花火というよりは爆弾に近い印象だ。

実はこのツクナレ、長らく六種類に分類されていたのだが、二〇〇六年には一五種類になり、さらに二〇一二年には何種類か統合されて、八種類でよいのではないかという論文が出されている。

アマゾンを初訪問した二〇〇八年当時、これらの種の系統進化について明らかにした論文はなかった。そこで、これをテーマにしたら面白いのではないかと考えたわけだ。この一五種類をすべて釣るという目標を立てることで、研究と関連づけながら怪魚釣りを楽しめる。

さっそくこのテーマに関連する論文を取り寄せようとしたのだが、そもそもアマゾンを有するブラジルから研究サンプルを持ち出すのは難しいのでは、とふと思った。そうなると、アマゾンの大学に留学するか、共同研究という形にせざるを得ず、自由な研究がしにくいだろう。

そんな事情もあり、結局このテーマは諦めた。

大学四年時には、序章でも書いた千葉聡先生の勧めで、小笠原と沖縄に生息するナンヨウボウズハゼのDNA的交流について研究することになった。千葉先生は小笠原諸島に生息するカタツムリに着目し、同地の生態系を研究していた。

島は小さく、雨の少ない時期には沢がカラカラに干上がってハゼはいなくなる。しかし、水が潤沢なシーズンにはまた現れるのだという。ナンヨウボウズハゼは、乾燥に耐えられる卵を持つような魚ではないので、どこかよそから来ていると考える以外には説明がつかない。そこで、ナンヨウボウズハゼの生息地を調べてみると、小笠原と沖縄、さらに南のほうではグアムのあたりにまで分布していることがわかった。

つまり、ハゼは黒潮に乗って、沖縄から小笠原に流れてきているという仮説が立つ。その可能性を明らかにできれば、小笠原と沖縄の生態系につながりがあるかもしれないことがわかり、小笠原の生態保全にもつながる。

しかし、川で泳いでいる小さな魚を捕獲し、何百匹分ものサンプル採集することは素人には難しい。そんな中、千葉先生は、僕が魚好きだということに注目して、このテーマを勧めてくれたのだった。

ナンヨウボウズハゼのサイズは数センチメートルと小さいものの、捕るためのノウハウは怪魚とあまり変わらない。沖縄では車で川まで行き、流れを見ながら、「この流れならもう少し上流でないといないだろう」などと目処《めど》をつけてポイントを探した。

小笠原のほうはもう少し大変だった。このときは、安全上の理由からも現地に常駐している研究者に同行してもらわざるを得なかった。調査に行った島には漁港がなかったため、上陸するためにはまず船で近くまで行き、その後はシュノーケルを付けて海にダイブしなければならない。次に、高波に乗って島の岸壁の岩場へとりつき、波が引くのに耐えた後で、次の高波が来ないうちに上まで一気に登るのだ。

魚の捕獲には網を使った。通常、魚を採取する際には網をかまえ、足などで魚を追い込んでいく。しかし、ナンヨウボウズハゼは凹凸の激しい岩の隙間にいるので足で追い込むことができない。そこで両手に一本ずつ網を持ち、水中を這いながら、一匹一匹、隙間から追い出して捕まえた。このときは沖縄で約二〇〇匹、小笠原で五〇匹ほど捕ったと思う。採取した魚は尾びれの一部をサンプルとしてカットした後にリリースした。

僕にとって、本当に大変だったのは、その後の研究室での作業だった。DNAの解読方法にはマニュアルがあるので、そのとおりにやればいいだけなのだが、僕は同じことを正確に続けるということがとても苦手だ。

ピペットを使って、一〇マイクロリットルほどの微量の薬品を入れる作業が毎日続いた。薬剤を入れすぎてしまい、うまく結果が出ずに二〇時間ほどをムダにしたこともあった。

そのとき千葉先生に何度も言われたのは、沖縄から小笠原まで移動していると断言するのではなく、あくまでも移動している可能性を明らかにするのだということだった。

DNAを切り取るための設計図のようなものを作成し、それ以降は確立された手順にしたがい、延々とピペットを握り続けるのである。生き物のことを論じるというのは、いかに大変なことか、そこにどれだけの苦労があるかを、身をもって知った。

そして、結局、学者になることは諦めた。自分は、偶然性のある環境で、刻々と変わる状況に適応し、生き物を捕獲することは得意だが、得られたサンプルを地道に解析し、それを論文にまとめていくことには向いていないと思った。

研究者としては挫折したけれど、このとき「小笠原と沖縄のハゼにDNA的交流がある可能性がある」という小さな事実を突き詰めるために向き合った経験は、今の自分の糧になっていると思う。

釣りをしていると、一匹釣っただけでも、「こういうアクションにすれば釣れる」と語る人に出会う。しかし自然の中で起こる事象に関しては、それほど安易に断言していいものではないと思うのだ。

第七章　これから先の「未知」

怪魚釣りのフロンティアはどこにあるのか

怪魚釣りの有り様は、この一〇年ほどでずいぶん変わった。二〇〇八年にアマゾンで釣り上げたピラルクーは、今やタイの釣り堀で、養殖されたものを釣ることができる。これを目当てにタイまで釣りに行く人が増えていると聞く。

しかし、ピラルクーがすばらしいのは、それを育むアマゾンのすさまじいまでの大自然があってこそ。タイの釣り堀で釣るピラルクーを否定するわけではないが、そこで体験できる「釣り」は、僕が考える怪魚釣りの楽しみ方とは違う。近年ニュースで取り上げられることが増えた「外来種のアリゲーターガーを国内で釣る」といった企画も、僕のスタンスとは一線を画す。いつしか自分なりの怪魚の定義にも、「体長一メートル、もしくは体重一〇キログラムに成長する、淡水域に生息する巨大魚。ただし、在来生息地に生息する野生の個体に限る」という補足が増えた。

怪魚釣りが静かなブームとなり、インターネットの普及も手伝って、「未知」はどんどん少なくなっていく。

僕が考える現代の未知とは、情報がないことだ。次なる未知を探していたときに、中東地域に生息するルシオバルブスエソシヌス *Luciobarbus esocinus* という学名の魚に注目したことがあった。

紛争のためなのか、チグリス・ユーフラテス川沿いの現地情報は少ない。イラクやシリアに比べれば比較的治安が安定しているということで訪問したイランでも、情報統制が敷かれていた。初めて訪れた二〇一四年秋、旅を手伝ってもらったイラン人が、逮捕されてしまうということもあった。イラク国境の淡水域が国家間の紛争のもととなり、軍が水域を管理しているという話をトルコで聞いたことがあった。砂漠の国にとって、淡水は貴重な資源なので、イランでも同様のことが起きているのではないかと推測する。しかしその後、二〇一五年頃から、フェイスブックで情報が拡散されるようになり、今や金さえ払えば誰でも釣れるようになっている。

怪魚釣りを始めた頃、僕は完全にマイノリティだった。先駆者の武石憲貴さんが先頭を走っているくらいで、周りに怪魚を釣ろうなどという人は多くはなかった。僕なりにそこにかっこよさを感じ、この道を切り拓いてきたわけだが、ブームをつくりたかったわけでも、有名になりたかったわけでもない。ただ、楽しいからやっていただけだ。

かつてパンクスたちは、自分が信じているものをやり続け、自分が信じた服を着ていたら、最初は世間から「変なやつだ」と後ろ指をさされていたのに、いつからか「かっこいいんじゃない？」と言われるようになっていった。そうして大衆化していくと、先頭を走っていた者はつまらなくなって抜けていく。怪魚釣りにもそれと似たところがある。

怪魚釣りに技術は必要ないと前述したが、それは紛れもない真実だ。釣れる場所に行きさえすれば、大きな魚を釣ることはさほど難しくはない。だからこそ、僕らが行った場所がビジネスチャンスになると目をつけた人たちによって、インターネットで情報が拡散され、人がこぞって集まるようになったのだろう。

直接関わったものではないが、お世話になっている釣り雑誌『Rod and Reel』（地球丸）で「チープオーパ！」という企画をやったときもそうだ。開高健がアマゾンでやったような旅をリスペクトし、アジアでも『オーパ！』のような釣り体験ができるというテーマで立てられたこの企画は、破格の料金で宿と食事がつき、さらに昔の安いカローラに舟を乗せて釣り場まで行くという実に楽しげなものだった。

しかし、この記事を読んだ人たちがこぞって怪魚釣りへ行くようになると、現地のガイド料は高騰し、そのガイドたちを束ねて価格を一律化しようとするビジネスマンも現れたと聞く。

高地釣りという新たな挑戦

カオスの中を少ない資金と限られた条件で開拓する「アルパインスタイル」の怪魚釣りにこそ、楽しみを見いだしてきた。日本人にはあまり知られていないし、釣られていない魚もいて、それらを個人で一匹ずつ達成していくことが面白かったし、それこそが開高健の『オーパ！』と差別化されるオリジナリティであった。

けれど、怪魚釣りを始めて一〇年ほどの間に、そうした「未知」にも、金をかけて組織化したチームで行う「極地法」の波が、再度押し寄せるようになってしまった。

それでも、視点を変えれば、「未知」はまだまだいろいろなところに見いだせるとも思う。二〇一二年頃からは、「高地」をテーマにした釣りもするようになった。

これは、「どれほど高い場所まで魚は生息しているのか」ということを確認し、楽しむ釣りだ。僕は日本で最も高地にある魚の生息地は黒部川源流だろうと考え、およそ標高二三〇〇メートルまでの山を登って釣りをするという試みをしている。釣れる魚はイワナのみと種類は限られるものの、一メートルでも高いところで釣ることに意義がある。

山登りではここが最高地点というのが決まっている。しかし魚は生き物なので、雨が降り、水かさが増して、上流の流れが太くなれば、それだけ上流のほうへ上っていく。だから年によっても、季節によっても、魚がどのあたりまでいるかは変わってくる。

特に黒部源流域は、魚止めの滝がない。たとえ黒部川の始まりを示す碑が立っていたとしても、そこから上に流れがないわけではない。どこまで魚がいるかを確かめるために、数年に一度訪れて、そのたびに新たな発見を楽しむことができる。

世界に目を向ければ、魚が生息する最高地はおそらくパキスタンのK2周辺だろう。いずれK2にも魚を釣りに登りたいと考えている。

僕は、こんなふうに自らルールをつくって遊ぶのが好きだ。昔からゲームは嫌いだったが、それは人がつくったルールで行う遊びだからだ。もし、本気でゲームを楽しもうと思ったら、自分はゲームクリエイターにならないとダメだと思っている。

冒険は日常のすぐそばに

また、深海や高地といった遠方でなくとも、身近なところに、思いも寄らない「未知」はある。たとえば、市街地の地下水路がそうだ。

ビルの地下には水路が通っているような場所があり、所々光が注いでいて、日常のざわめきが聞こえてくる。そんな地下水路で、魚たちは人間とは異なる世界を展開している。

地下水路の点検をしている人に聞いた話では、真っ暗闇の中で、深海魚のようにピンク色になったナマズやウグイが生息している場所があるそうだ。

生き物は通常、メラニン色素によって、紫外線が皮膚の細胞を傷つけるのを防いでいる。体色をある程度変化させることができる環境では、紫外線の量に応じてメラニン色素の量を変える。人間の皮膚が、夏の紫外線の強い時期に黒くなり、冬に白くなるのはこのためだ。

しかし、メラニン色素をつくるのにもエネルギーを使う。そこで紫外線の届かない場所に暮らす魚たちは、メラニン色素が不要になるとつくるのをやめ、別のところにエネルギーを注ぐようになるのだと思う。それが、一代限りなのか、遺伝していくものかはわからない。しかし少なくとも、人間が生活している場所の真下に、ピンクのナマズやウグイがいるらしいという話には心が躍るものだ。

遠くにある未知もロマンだが、日常から離れれば離れるほどに、そこにカルチャーショックがあるのも当然と思ってしまう気持ちはどこかにある。一方で、日常のすぐそばに潜んでいる未知というのは、むしろ辺境にある未知以上に興味をそそられる存在だろう。

怪魚釣りもそうだが、僕はいつも社会の枠組みの外にある冒険を探している。

二〇代前半だった頃、前述した天才釣り師のヒロトと、タウナギを釣りに行ったことがある。このときタウナギを釣ることはできなかったのだが、せっかくなので最後に面白いことをしようという話になった。

夜行性のタウナギを夜に探していると、どぶ川にたくさんのコイがいた。しかし、昼間はあまり見当たらない。あれほどの数が、一体どこにいるのだろうと考えた僕らは、推理を開始した。どぶ川を用心深く観察してみると、道路と立体交差している部分が、直径五〇センチメートル、長さ五メートルほどの土管になっていることに気づいた。おそらくこの中にいる！

土管を覗いてみると、満水ではなく、上部に空間があり、出口の光も見えていることがわかった。ほふく前進すれば、なんとか移動できそうだ。そこで、ヒロトに網を広げて土管の反対側で待ち伏せてもらい、僕はもう一方の側から汚いどぶ水の中を這って行くことにした。

すると、とんでもない量のコイが驚いて、ヒロトの待つ反対側に逃げ出した。予想どおり、コイは昼間、この土管の中で身を潜めていたのだ。そして、コイは向こう側にも人間がいることに気づくと、パニックを起こして反転し、僕の顔に、ビチビチと激突してきた。「いたたたたっ」と声をあげながらも、それらを追い込み、最後はヒロトが広げた網に自分自身がトライを決めると、十数匹のコイが捕れた。

ちょうどこどもの日が近かったので、捕ったコイたちを鯉のぼりのように数匹並べ、その横に、自分が一の字に寝て竿となり、ヒロトに上から写真を撮ってもらった。

幻の青い宝石を釣る

あるいは、こんな旅の思い出もある。

熱帯魚業界の流通名で、チャンナアンフィビウスと呼ばれる青いライギョがいる。市場では一匹四〇万〜六〇万円もの高値で取引されるため、「青い宝石」という異名を持つ高級魚だ。学名にも同じ名称があり、論文を読むと、英語名はチェルスネークヘッドで、インドのアッサム地方のチェル川に生息していると書いてあった。

だが、どうもこの高級魚の「青い宝石」は学名チャンナアンフィビウス *Channa amphibeus* すなわちチェルスネークヘッドとは違う種類のように思えた。この魚が記載された頃の分類学の論文は絵のみで、写真がないため、はっきりとはわからないのだ。ただ、チェル川という生息地もわかっているのに、どうして何十万円もするのか疑問だった。

熱帯魚業界の流通名は、必ずしも学名と一致しないことがある。単に間違いということもあるが、高価な魚の場合、後追い業者をかく乱するため、流通時にはあえて産地と違う川の名前を添えることがあるくらいだ。実際、そんなアクアリウム業者とアマゾンで出会ったことがある。この経験から、「青い宝石」も産地を隠すために、あえてチェルスネークヘッドの学名チャンナアンフィビウスを流通名にしたのかもしれないと思った。

そこでさらに、ライギョに関連した論文を調べていくと、この「青い宝石」はやはりチャンナアンフィビウスではなく、チャンナバルカ *Channa barca* という種類ではないかと思えてきた。けれど、図版はモノクロの絵なので、断言はできない。こうなると、現地まで行って調べないと気が済まない。

そこで、二〇一一年にインドへ赴き、論文でチャンナアンフィビウスの生息地と書かれていたチェル川を探索してみることにした。その結果、学名チャンナアンフィビウスを釣り上げることができた。しかしそれは、日本で売られている「青い宝石」とは違った。見た目も異なり、比較的安く取引されている魚のような地味な色をしていた。

あれから数年、今では、「青い宝石」のチャンナアンフィビウスは、実はバルカ種だということが、熱帯魚マニアの間での共通認識となりつつある。名称も一時期アンフィビウスリアルバルカ、などというややこしい熱帯魚名で呼ばれるようになったが、二〇一六年現在ではチャンナバルカと正確に呼ばれ、流通し始めている。

ではこのリアルバルカは、一体どこに生息しているのか。今のところ、僕はまだ見つけられていない。アッサム地方の川を、一カ月くらいかけて探し回れば、きっと見つかるはずだ。

チェル川に生息する、学名チャンナアンフィビウス

いつか絶対に見つけてやろうと思っているのだが、これだけ高価な魚になると、現地の裏社会とつながっているかもしれない。あるいは、国立公園内の保護地区のごく限られた場所に生息している可能性もある。

しかし逆に、意外とあっさり生息地が見つかって、たくさん泳いでいるということだって、あり得る。こういうことは、現地に行って確かめるまでは、わからないのだ。怪魚釣りもそうだが、一見、難しそうに思えることでも、飛び込んでみると意外にシンプルだったということはいくらでもある。

もしたくさん泳いでいたら、試しに一匹は塩焼きにして、六〇万円の塩焼きだと洒落《しゃれ》込んだりもしてみたい。そんなくだらないことを想像して楽しんでいる。

これは余談だが、以前、青いニホンザリガニが多数生息する川を見つけたことがあった。ニホンザリガニは通常、茶色い体色をしているので、青い個体はおそらく、突然変異か何かなのだろう。このザリガニたちは、売れば一匹数万円の高値がつく。しかし、僕はそういうことには興味がなかった。僕の関心はむしろ、青いザリガニを茹でると何色になるのかということだった。

そこで、一〇匹ほど捕まえた青いザリガニのうちの一匹を丸茹でしてみることにした（おそらく、世界一高級なザリガニのボイルだろう）。すると、青いザリガニはなんと、青と赤の中間、紫色になった！　通常の茶色いザリガニは茹でると赤になるが、まさか青いザリガニが紫になるとは驚かされた。しかし、珍しいのは色だけで、味はノーマルのザリガニと大差なかった。チャンナバルカのあの宝石のような青い色は、加熱するとどうなるのだろうか。紫の茹でザリガニを見て以来、想像は膨らむ一方だ。

川の王・イートングーシーダダ

地球上の魚類は約三万種。それだけの数の魚を発見し分類する人間は、純粋にすごいと思う。しかし、学者にもまだわからないことはたくさんある。

世間では、学者ならなんでも知っていると思う人も多いが、決してそんなことはない。また、学者がすべて正しいわけでもない。論文とは、発表された時点での「正確さ」を求められるものであって、「正解」を求められるものではないのだ。

科学はわからないことだらけだ。そこに最大の楽しみがある。釣りをしていると、思いもよらない新種と出会うことだってある。

怪魚ほどの大きな魚となると新種に遭遇することは滅多にないのだが、それでも一〇年以上、怪魚釣りを続けてきて一度だけ、新種ではないかと思われる大物を釣り上げたことがあった。それは二〇一二年にパプアニューギニアで釣り上げた一二〇センチメートルの灰色のナマズだ。

現地の人の話によると、そのナマズは村でイートングーシーダダと呼ばれているそうだ。最大で二メートルにもなる「川の王」だという話だった。

パプアニューギニアで釣り上げたイートングーシーダダ

僕らにとっては新種であっても、現地の人にとっては、珍しくもないただのナマズなのだろう。ちなみに、イートングーシーダダとは、現地語で「小さな目」を意味する。確かに体が大きいので、目だけがやけに小さく見える。しかし、着眼点が「大きな体」ではなく「小さい目」というのが面白い。この土地の人々は、生き物としての大きさにはあまり価値を見いだしていないのかもしれない。

さて、そのナマズ、僕はこれまでに一度も見たことがない種類だった。帰国後にネットで調べているうちにハマギギ科のナマズなのではとも思われたのだが、パプアニューギニアのあるオセアニア地域で最大二メートルにもなるハマギギ系のナマズの記録は見つけることができなかった。

さらに、パプアニューギニアと生物相が似ているオーストラリアで釣りガイドをしている人にも写真を見てもらったが、結局そのガイドも知らなかった。

淡水巨大魚に詳しい世界的怪魚ハンターのヤコブにこのナマズの話をすると、彼も知らない種だったようで「オセアニアにも、絶対にフレッシュ・ウォーター・ジャイアンツがいるはずだとは思ってたんだ！　やっぱりいたか！　うれしいよ、今度一緒に行こう」と喜んでくれた。

実を言うと、ナマズが新種か否かを判断するのはとても難しいのだ。ナマズは多様化しすぎているため、世界全域のナマズを分類、研究し、新種ではないと断言できる学者は、日本にはいないのではないかと思う。

前章でも書いたように、僕が大学で学んでいた生物学の世界では、新種かどうかはあまり重要視しない。そもそも本格的に調べるためには、最新の手法でＤＮＡ分析を行うか、従来の手法で形質に着目するか、またはその両方を組み合わせるかと、いずれにしても手間と時間をかけなければならない。生物学者にとって、それは労力に見合わない研究なのだ。

二〇一三年に『情熱大陸』という番組の出演依頼を受けたときには、ディレクターがこのイートングーシーダダが新種かどうかに興味をもち、リサーチ会社に調査を依頼してくれた。そのリサーチ会社はナマズの専門家に意見を求めようとしたものの、養殖や地震予知能力など行動学の分野の学者しか見つけることが叶わず、結局確実なことを言える人はいなかったという話だった。

おまけに、誰に言われたかはわからないのだが、「小塚拓矢という人がナマズに詳しいので、その方に聞いてください」という回答があったというオチまでついた。

さらに本格的に分類を調べれば、わかるのかもしれないが、新種でないことがわかってしまうのも残念な気がするし、僕が求めているのは釣れたという満足感だけなので、この件はそれ以来保留にしている。いつか結婚して子どもを持ち、旅にしょっちゅう出られなくなったら、腰を据えて、じっくり調べてみてもいいかなと思っている。

現地名で呼ぶのか、学名で呼ぶのか

新種の学名は、発見者が自由につけられる。発見した新種に、妻の名前をつける学者もいるほどだ。なかには、偉大なる科学者で哲学者でもあるアリストテレスの名を冠したシルルスアリストテレス *Silurus aristotelis* というナマズなどもおり、学名は眺めているだけでも面白い。

イートングーシーダダの場合、ハマギギといわれるナマズのグループの一群であることはおそらく間違いないので、ハマギギ属の学名の「アリウス」と、社名「モンスターキス」を掛け合わせて、「アリウスモンストロキス」とでもつけようか。

あるいは、イートングーシーダダを釣った村の言葉で、怪物のことを「イナリク」と言うので、村の人々への感謝の気持ちを込めて、「アリウスイナリクス」とつけるかもしれない。さらに和名をつけるとしたら「オバケオオハマギギ」といった感じになると思う。

怪魚釣りの旅について本を書いたり、メディアに出たり、人前で話したりしていると、自分が紹介した魚の現地名が日本で広まり、子どもたちが「イートングーシーダダ」などと言ってくれることがある。それがとてもうれしい。

イートングーシーダダを釣ったパプアニューギニアの村には、ナマズという言葉がない。彼らはナマズをナマズとして一括りにしておらず、マダブとか、タオカーキークルというふうに、それぞれの魚ごとに呼んでいる。その中では、イートングーシーダダも、ただイートングーシーダダでしかなく、その名前には、「小さな目」という意味しかない。

僕はできるだけ怪魚を生息地域の現地名で呼ぶようにしている。そのほうが魚を尊重しているような気がするからだ。ディンディと呼んでいるノコギリエイもそうだ。また、和名のナギナタナマズのように、そもそもナマズではないという種類もある。英語名ではナイフフィッシュというが、人に紹介するときにはベリーダという現地名を使っている。

日本で知られていない魚の場合、最初に紹介した人が使った名称が通称になることもある。僕がソングと称しているチグリス・ユーフラテス川の怪魚は、日本ではマンガルという呼び名のほうが一般的だろう。これは、本書でたびたび登場したチェコ人の怪魚ハンター、ヤコブが以前に『世界の怪魚釣りマガジン』（地球丸）でそう紹介したからだ。

マンガルというのは、シリアでの呼び名のひとつだ。英語ではコイの王様を意味するキングバルブスとか、チグリスサーモンなどと呼ばれるが、サーモンではないだろう。英名もずいぶん適当だ。

僕がトルコを訪問した際には、学名ルシオバルブスエソシヌスはジャルーと呼ばれており、マンガルはバーベキュー（野外での焼き肉）という意味だと聞いた。しかし、そのトルコの旅では釣ることができなかった。次に訪れたイランではソングと呼ばれており、その地で僕は初めてソングを釣り上げた。そのため、今もソングという呼称を使っているのだ。

ムベンガという呼び名も、実は僕が使い始めたものだ。当時、日本では英名のゴリアテとかゴライアス・タイガーフィッシュという熱帯魚名が知られていた。しかし、実在の動物であるトラになぞらえた名称よりも、ムベンガのほうが魚をリスペクトしていると思えたのでこちらの名称を使うことにした。

ムベンガは、正確に発音すると、「ンベンガ」と聞こえる。ベルギー人が書いた本の中では、mbenga と紹介されていた。それに由来して、ムベンガというカタカナの四文字をあて、ことあるごとに使い続けていたら、いつの間にかウィキペディアに「ムベンガ」という項目ができた。これはなかなかの感動だった。

新たなる挑戦

今後の新たな挑戦として、世界中を釣り歩く立場を活かし、進化学や動物地理学をテーマにした論文に協力できたらうれしいと考えている。また、研究者としての道を諦めた今でも、ライギョを研究することには興味をもち続けている。

前述したチャンナアンフィビウスの例からもわかるとおり、ライギョの分類はとても混乱している。それを整理するだけでも面白いだろうし、ライギョはアジアにおいて重要な食用魚となっているので、研究テーマとして扱えば社会的な意義もある。

ライギョは古代魚に近い形質をもっており、空気呼吸ができる。アフリカに三種類、アジアに二八種類ほど生息しており、西はパキスタンから東はロシアまでいるとされているが、実際はもっと広範囲に分布しているかもしれない。進化の過程でどのようなルートをたどり、アフリカとアジアに分かれていったのか個人的にとても興味がある。

これほど広範囲に生息するライギョをすべて学者が釣り歩いて集めるのは現実的ではないだろうが、僕はライギョが好きで、この魚を釣ることをライフワークとしているので役に立てると思う。これまで、すでに一二種類釣った。学術的な興味をもちながら、これだけの種類のライギョを個人で釣っている日本人は、今のところ僕以外にいないだろう。

自分の足で歩いて、自らの経験を武器にして、真実に近づきたい。その思いは、怪魚釣りを始めた大学一年生の頃から、三〇歳を過ぎた今でも変わっていない。かつては点でしかなかった経験が、線から面につながり、立体となって広がっていく感覚が楽しい。それが仕事であれ、研究であれ、あるいは個人の趣味であれ、まだ誰も歩んでいない新たな道を探しながら、これからも旅を続けていこうと思う。

おわりに

高校時代、隣県の大学の医学部に進学し、医者になろうと考えていた。釣りは、余暇を利用して続けるつもりだった。特に医者になりたかったわけではない。それが人生安泰の道だと思っていたし、周囲からの期待もなんとなく感じていて、それに応えたかったのだ。

子どもの頃から試験勉強は得意で、高校も県内トップの進学校に進んだ。しかし、高三の夏、このままでいいのだろうかと進路についてずいぶん思い悩んだ。まったく受験勉強をしなくなった時期もあり、そんな折、怪魚釣りの先駆者である武石憲貴さんのホームページに出会ったのだ。

武石さんに憧れて、大学では怪魚釣りをしながら世界を放浪するという夢をもったものの、そこには打算もあった。当時、海外で行う釣りには、「経済的にゆとりのある年配者が行く旅」「定年退職後の憧れの旅」というイメージがついて回った。しかし、近い将来、時間と行動力のある学生が怪魚釣りの主役となり、金持ちの道楽から若者の夢へと変わる時代が来るだろうと、僕は直感したのだ。

貧乏学生が海外で釣りをする、というギャップが注目を集めれば、いずれは釣り雑誌で記事を書く機会が得られるかもしれないし、テレビにも一度くらいは取材されるかもしれない。怪魚釣りは青春時代のよき思い出になると思った。

大学三年時には就職活動に間に合うように、旅の回数も計算していた。結局その後、大学院まで進んだのだが、そのときはまだ怪魚釣りが趣味の範疇から出ていなかった。それが仕事になったきっかけは、アフリカの怪魚ムベンガだ。

リストアップしていた怪魚リストのほとんどは、かつて日本人の誰かが釣ったことがある魚だったが、少なくともムベンガだけは、日本人が釣ったという記録がなかった。

いつもはアルバイトで金を貯めてから、計画的に行くのだが、このときはほかにもムベンガを狙っている日本人がいることを耳にし、いてもたってもいられなくなった。どうしても日本人初を目指したいと思った僕は、ブログでカンパを募ることにした。これはネットでずいぶん叩かれたのだが、結果として当時お世話になっていた雑誌社にも、スポンサーになってもらうことができた。

当初の計画では三週間で戻り、大学院の博士課程後期に進む準備をする予定だった。進学先の研究室もあらかた決まり、共同研究のため、頼まれたデータを早々に提出する必要があった。しかし、三週間経ってもまったく釣れない。カンパまで募り、雑誌社から仕事としてお金を出してもらっている以上、「釣れませんでした」という選択肢は、絶対にあり得なかった。結局、僕は決まっていた進路より、ムベンガをとった。打算なしに、すべてを投げ打って釣り上げた魚は、これが初めてだ。

自分が面白いと思うこと、楽しいと感じることを続けていると、不思議と縁がつながっていく。ムベンガの旅から戻った後、釣り雑誌の編集者さんから、

「ほかで就職するくらいなら、フリーランスの仕事を回してあげるよ。そのほうがやりたいことが続けられると思うよ」

と声をかけてもらい、怪魚ハンターという道なき道を進むことになった。

テレビ取材を受けることも一度くらいはあるだろうとは思っていたが、まさか自分が

『情熱大陸』に出演するとは思ってもいなかった。

番組では、こちらの意向とは関係なく、ナマズ博士にされ、ひと言も触れていない食糧問題と結びつけられてしまった。ただナマズが好きで釣っているだけだった僕は、勝手な解釈で自分の活動に社会性を付加されたことに納得できなかった。当時はずいぶん憤慨したが、この番組が縁で、いろいろな人とのつながりが増えたのは事実であり、今ではとても感謝している。

僕が設立した株式会社モンスターキスでは、自分で開発した「ディアモンスター Dear Monster」という竿シリーズを、主にネット販売している。「趣味の道具」である釣り竿には、デザイン性や希少性を求める人も多いのだが、わが社の場合は実用性重視、デザインも王道中の王道でどちらかといえば古いほうだと思う。その代わり、旅に負担をかけないための機能をとことん突き詰めているつもりだ。この姿勢に共感してくださるユーザーとは、長い付き合いになることもある。

販売開始直後、最初の一本を購入してくれたユーザーで、当時、大学生だった男性は、今では親友のような存在だ。僕の番組づくりに協力してくれたことがきっかけで、そのテレビ局に就職し、いつか一緒に番組をつくりたいと話している。

また、この竿シリーズには、シーラカンス用などと、釣ったこともない魚の専用品を称する一本があるのだが、第四章で、利根川の怪魚アオウオの釣り場を紹介してくれた釣り人は、このシーラカンス用竿の愛用者だ。

釣り雑誌の編集者や記者の方にも、時に誌面を超えてお世話になっている。第一章で、深海のベニアコウ釣りに同行した釣り雑誌の記者が、ダイオウイカならぬニュウドウイカを釣ったことを書いたが、実はこれがきっかけとなり、世界で初めて泳ぐダイオウイカの映像を撮影した海洋学者の窪寺恒己先生と知り合うことができた。

こうして、二〇代を楽しく過ごしながらも、実は三〇歳を区切りに怪魚ハンターという生き方をやめようと決めていた。リストアップしていた怪魚を制覇したら、釣りとは関係のない道に進むつもりだったのだ。

二〇代は好き勝手やってきたけれど、三〇代からは、自分が好きなことではなく、周囲の期待に応えられるような、きちんとした職業に就き、安泰の人生を送ろうと考えたのだ。

そのために、まったく異なる分野の資格試験も受けた。しかし、怪魚釣りの旅をしながら、仕事の合間をぬって勉強するのは予想以上に難しく、結果は不合格だった。この頃になると、怪魚は、すでに青春の思い出に収まらない、自分にとってとても大きな存在になっていた。

そして二〇一五年九月、僕は三〇歳を迎えた。これから先のことはわからない。釣れる可能性のある淡水巨大魚はほとんど釣り尽くし、ルアーで釣れるような釣魚（日本人にとっては未知の部分が多くても、現地には専用の釣り具が売られているような魚）で一メートルを超える未釣の魚はいなくなったと言っていい。そうなった今、むしろ小さな魚にも興味が向くようになった。また、世界のライギョや、高地に暮らす魚、あるいは深海魚やシーラカンスなど、魚や自然への好奇心も尽きることはない。

結局は、これからも怪魚釣りが自分にとってのライフワークであり続けるのだろうと今になって思うのだが、金儲けという視点だけで、怪魚に向き合いたいとは思わない。そんなことをしたら、今までの楽しかった一〇年間を否定することになるし、最終的には釣りや魚まで嫌いになってしまう気がする。「怪魚ハンター」などというと、世界の希少な魚を捕って売るようなイメージをもつ人もいるのだが、僕は、怪魚釣りの経験や知識を売っても、生きた希少魚そのものを売りさばくようなことはしないつもりだ。

誰かのため、ではなく、自分のために怪魚と向き合い続けようと思ったからこそ、こういった本を書くような機会にも恵まれたと思っている。

改めて繰り返すが、この一〇年、大したことをしてきたつもりはない。僕がやってきたことは「命がけの冒険」と呼ぶにはあまりにも安全な旅だった。しかし、自分でクリエイティビティーを見つけ出すということにおいては、自分の人生をかけて全力を注いできたと自負している。

結局、先のことはわからないし、なるようにしかならない。そう思えるのは、世界は多様に満ちているということを、魚との触れ合いを通して知ったからだ。怪魚たちはあるがままに、そこにある状況に適応して生きている。環境に適応できずに淘汰されていく魚も当然いるが、それでも無抵抗で滅んでいくわけではない。魚たちは、何らかの道を見いだして生き延びていけるだけの強《したた》かさをもっているのだ。そこにあるエサを食べて暮らし、できる範囲で生をつなぐ。無理に肩肘を張って生きなければということもなければ、絶望して自殺することもない。

それは人間も同様で、目の前に大きな障害が現れても、道はいろいろあるのだと、今なら思える。そうすると、世界はとても気楽なものに思えてきた。そんな気楽さこそが、怪魚釣りを通して得た、僕の人生の矜持である。

編集協力　田中奈美
図版制作　タナカデザイン

小塚拓矢《こづかたくや》

怪魚ハンター。一九八五年、富山県生まれ。東北大学理学部生物学科卒業、同大学院生命科学研究科修了。大学在学時より、世界中を旅し、四〇カ国以上で五〇種を超える怪魚を釣り上げる。著書に『怪魚ハンター』(山と溪谷社) 等がある。

怪魚《かいぎょ》を釣《つ》る

二〇一七年二月一二日　第一刷発行

インターナショナル新書〇〇六

著者　小塚拓矢《こづかたくや》
発行者　椛島良介
発行所　株式会社 集英社インターナショナル
〒一〇一-〇〇六四 東京都千代田区猿楽町一-五-一八
電話 〇三-五二一一-二六三〇
発売所　株式会社 集英社
〒一〇一-八〇五〇 東京都千代田区一ツ橋二-五-一〇
電話 〇三-三二三〇-六〇八〇(読者係)
〇三-三二三〇-六三九三(販売部)書店専用
装幀　アルビレオ
印刷所　大日本印刷株式会社
製本所　大日本印刷株式会社

ISBN978-4-7976-8006-5 C0276
定価はカバーに表示してあります。

インターナショナル新書

004

生命科学の静かなる革命

福岡伸一

二五人のノーベル賞受賞者を輩出したロックフェラー大学。かつて同校で研鑽を積み、客員教授を務める著者が、その歴史と偉大な先人たちの業績をたどりながら生命科学の本質に迫った。

さらにノーベル賞受賞者ら五人との対談も収録。ベストセラー『生物と無生物のあいだ』執筆後に判明し、科学誌『ネイチャー』に取り上げられた新発見についても綴る。